Cómo Empezar un Negocio Por Internet

La Guía Completa Paso a Paso Para Ventas Por Internet

Jonathan Eldridge y Robert Bustamante

Limitación de Responsabilidad

La siguiente información se suministra solo con fines informativos. Emitimos nuestra opinión con base en nuestra experiencia y no debe considerarse como una asesoría legal o profesional. Por favor consulte a un abogado calificado, un contador fiscal y a otros profesionales para asegurarse de que está procediendo de la manera correcta. Nuestra información se suministra como una opinión de nuestra experiencia y no garantizamos, declaramos u otorgamos garantía alguna sobre la adecuación o los resultados que usted pudiera tener.

Nosotros hacemos referencia y suministramos los enlaces a los servicios de terceras personas. Algunos de los enlaces de estas terceras personas son programas afiliados por los cuales nosotros recibiremos una compensación en caso de que usted se suscriba. El uso de los servicios de estas terceras personas no garantiza el éxito o las ganancias para su negocio. Adicionalmente, nosotros no garantizamos cualquier información, instrucción u opinión de esos productos o servicios. Se aconseja a los lectores realizar su propia investigación y evaluación cuando tome la decisión sobre la compañía adecuada o pertinente para las necesidades de su negocio.

Los lectores de este libro aceptan que Certatim, LLC, todos sus empleados y los propietarios no son responsables por el éxito o el fracaso de sus decisiones comerciales relacionadas con cualquier información suministrada en este libro.

Ninguna parte de esta publicación debe ser transmitida, vendida o reproducida en todo o en parte, en cualquier forma, sin el consentimiento previo dado por escrito por el autor. Todas las marcas comerciales que aparecen en esta guía son marcas comerciales registradas propiedad de sus respectivos dueños.

Muchas gracias

Queremos darle las gracias por la compra de nuestro libro. Somos dos hombres que hemos desarrollado cientos de proyectos para nuestros clientes y para nosotros mismos a lo largo de los años.

Lo que antes requería de un equipo de profesionales, cada vez es más y más fácil hacerlo por cuenta propia. Nosotros tenemos la esperanza que al leer este libro, ayudemos a disipar el mito de que es muy difícil hacerlo por usted mismo.

Nosotros queremos ahorrarle tiempo y dinero para que usted pueda comenzar su propia tienda en línea inmediatamente.

Como un regalo adicional queremos suministrarle un recurso en forma de guía descargable sin costo adicional. Usted puede obtener esta guía descargable gratis en http://longlivetheinternet.com/book-gift

Finalmente, tenemos enlaces a lo largo del libro a varias compañías de terceros. Algunas de ellas nos dan una compensación otras no lo hacen. No obstante, todas ellas ofrecen servicios que nosotros hemos utilizado y con los cuales estamos muy satisfechos. Le agradecemos mucho que haga clic sobre ellas y les dé una oportunidad.

Jon y Bob desde Larga Vida al Internet
http://www.longlivetheinternet.com

Índice de Contenido

Lanzamiento
Herramientas Económicas para Verse Grandes
Consulte Esto
Asignación de Fondos

Capítulo 3 - Mercadeo y el SEO Fuera del Sitio

Monitoreo de su Tráfico
Quién le Está Enviando qué Tráfico
AdWords
Correo Electrónico
Publicar en Blogs
Enlaces de Retroceso (backlinks)
Desperdicio Fuera de Línea
Hágase Social
Alertas de Google
Simplemente Busque en Google

Capítulo 4 - Convertir y Maximizar sus Ingresos

Listas de Correos Electrónicos
Gota a Gota
Ofertas y Urgencias
Asociados y Afiliados
Exhibiciones Comerciales
Servicio de Atención al Cliente
Lo Logró

[1]
El Comienzo

Qué es el Comercio Electrónico

EL INTERNET ES de lejos el invento más revolucionario desde la electricidad y sin discusión ha cambiado al mundo por siempre. La información fluye instantáneamente, desde las revueltas de rebeldes en Siria hasta el nacimiento del bebé de Kim Kardashians, hoy día suceden en tiempo real. Todos estamos expuestos a las noticias y a la información de manera instantánea. De acuerdo con la Unión Internacional de Telecomunicaciones cerca del 78% de la población en los países desarrollados utiliza Internet de alguna manera.

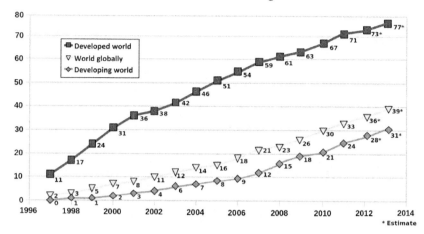

Eso significa un aproximado de 3 mil millones de personas en el mundo que utilizan Internet. Para el año 2017 60% de todas las ventas al detal en los EE.UU. involucrarán al Internet de alguna manera y aproximadamente 10.3% del total de ventas al detal en los EE.UU. dentro de cinco años serán compras en línea. Ello representa $370 mil millones en ventas en línea.

Sin importar lo que usted pudiera estar pensando, estas ventas en línea son realizadas por negocios pequeños. Por supuesto Amazon y las grandes empresas representan un gran porcentaje pero hay más que suficiente espacio para nichos de comercio electrónico de páginas web que atiendan mercados específicos. Nunca ha habido un mejor momento para comenzar una página web de comercio electrónico y comenzar a construir su futuro. Bien sea que comience a tiempo completo o que lo haga en sus horas libres después del trabajo, no hay razón alguna para que usted no pueda construir un negocio en línea exitoso si se mantiene comprometido.

Vamos a describir los pasos necesarios para hacerlo. Usted no necesita grandes cantidades de dinero y no debe sentirse intimidado. Lo guiaremos a través de las diferentes etapas y le indicaremos las herramientas y los obstáculos que nos han ayudado a construir media docena de negocios exitosos en línea. Evite los errores que nosotros cometimos y usted podrá realizar el lanzamiento en la mitad del tiempo y a la mitad del costo.

Decidir Qué Vender

Cuando esté pensando sobre lo que va a vender hay muchas consideraciones sobre las que debe pensar. Ayer estaba hablando con un amigo y él estaba muy ansioso y emocionado sobre el lanzamiento de una tienda en línea. Conversamos brevemente sobre qué quería ofrecer y muy rápidamente se hizo evidente que él no había pensado sobre todos los detalles. Lo primero que usted necesita considerar es su interés en su idea. Usted la adora en este momento pero puede adorarla a largo plazo. Sin importar el hecho de que usted tenga una gran oportunidad o una conexión con un tío que consigue las pieles de conejo con grandes descuentos, eso no necesariamente significa que usted deba vender pieles de conejo. En realidad usted necesitará estar comprometido con lo que tiene la intención de vender. Programar y comenzar su tienda es el comienzo de un largo camino hacia un gran éxito. Usted va a estar íntimamente involucrado con su producto o servicio. Con la finalidad de dar a conocer y hacer el mercadeo de su tienda de forma eficaz, usted va a necesitar socializar con personas de esta industria. Necesitará participar en las comunidades bien sea en línea o en conferencias, reuniones o en salas de conversación relacionadas con su producto o servicio. ¿Usted realmente quiere comprometerse con las pieles de conejo? ¿Es esta su inspiración? Si su respuesta fue sí, entonces por lo menos ya sabe que lo pensó muy bien.

Luego de que haya decidido el tópico o la categoría en la cual está interesado, debe pensar sobre la logística. Si su plan es vender productos físicos como bicicletas, camisas o caramelos entonces necesita pensar sobre el tamaño y el peso. Dependiendo de su plan o estrategia de negocio aquí hay un par de opciones desde el punto de vista de la logística. La mayoría de las personas siguen el modelo convencional de comprar artículos, guardarlos en almacenes o apilarlos en sus casas y luego venderlos y enviarlos una vez que son vendidos. A medida que su compañía crece usted pudiera necesitar más espacio para almacenar estos artículos. Esto es algo sobre lo cual debe pensar. Si usted está vendiendo bicicletas en línea, va a necesitar mucho espacio. Incluso, pudiera necesitar alquilar un espacio de almacenamiento. Además del espacio, usted va a necesitar gastar mucho dinero en envíos y devoluciones. De acuerdo con una encuesta reciente realizada por 3Digital, el 93% de los compradores en línea dicen que el envío gratis es la mayor fuente de incentivo para comprar en línea. ¿Puede usted asumir el despacho gratis de sus bicicletas? Probablemente no.

Otra opción que pudiera considerar es el envío directo al cliente final. El envío directo al cliente final involucra la venta de los productos en línea y luego una tercera persona o directamente el fabricante envía los productos a sus clientes. Esta es una opción conveniente y con frecuencia permite ahorrar en costos. Hay algunos sacrificios. El envío directo al cliente final puede traer como resultado un margen menor de ganancia. El ingreso se comparte con las compañías que realizan la entrega y para usted esto puede ser costoso. Además de la disminución de las ganancias, usted no tiene control sobre el producto o el empaque que se está enviando. El empaque, la colocación de la marca y el envío es una excelente oportunidad para que usted incremente el conocimiento de la marca, personalice la experiencia y obtenga negocios adicionales al mantener la fidelidad de sus clientes.

Una tercera opción y la más emocionante de las opciones es la venta de productos virtuales. Un producto virtual puede ser un libro electrónico o un curso de entrenamiento en línea o el acceso a un área segura de una página web donde hay información adicional disponible. Esta es una de las áreas con mayor crecimiento de las ventas en línea y tiene márgenes de ganancias exponenciales. Tome este libro como un ejemplo. Aun cuando hay un sin número de horas de escritura y edición, y años de experiencia en línea para redactar este libro, no hay gastos recurrentes. Esto significa que una vez que el libro está escrito puede ser vendido a perpetuidad sin grandes costos adicionales como los que pudiera tener un producto físico.

Sin importar lo que usted decida vender, la idea es asegurarse de que ha pensado bien cómo lo va a hacer. ¿Le gusta la categoría en la cual está interesado? ¿Cómo va a obtener o generar su producto o servicio? ¿Puede esto crecer y hay un público lo suficientemente grande? ¿Puede usted llegar a este público? ¿Cómo va a manejar la logística? ¿Tiene usted suficiente espacio en su casa? ¿Tiene más de un proveedor en caso de que su proveedor actual quedé fuera del negocio? Tómese el tiempo necesario para pensar muy bien sobre esto y no se deje cegar por la oportunidad. El lanzamiento de su página web de comercio electrónico le va a tomar tiempo y esfuerzo. Pensar muy bien algunas de estas cosas de antemano puede ahorrarle muchos dolores de cabeza a lo largo del camino.

Definir su Mercado

Parte de una planificación efectiva para el éxito es pensar sobre su mercado meta. En el curso de los años hemos construido y publicado una cantidad de productos en línea sin haber realizado la investigación o la evaluación requeridas. Nos convencimos a nosotros mismos que lo habíamos hecho; solo para descubrir luego que nuestra población meta era imposible de alcanzar. Cuando menciono población estoy haciendo referencia a sus clientes o compradores. ¿Quiénes cree usted que son sus compradores? ¿Cuál es su edad? ¿Cuáles son sus gustos? ¿Dónde los puede encontrar? ¿Qué sitios frecuentan en línea y fuera de línea? ¿Entiende usted sus deseos y sus puntos débiles? ¿Puede usted relacionarse con estas personas? ¿Pueden ellos relacionarse con usted? Usted necesita pensar en esto en detalle. Vamos a ver un ejemplo para profundizar en el tema.

Supongamos que usted quiere comenzar una tienda en línea para vender equipos para montar a caballo. Pareciera que lo más seguro es asumir que su población será las personas que montan a caballo. Puede ser que ellos sean propietarios o no de un caballo. Sin importar si probablemente son activos en la comunidad equina tanto en línea como fuera de línea. Quienes han estado rodeados de caballos la mayor parte de su vida, claramente están bien preparados para ofrecer productos a este grupo de personas. Ellos cuentan con un conocimiento íntimo de lo que las personas con gustos similares piensan, a dónde van, los foros que frecuentan y mucho más.

¿Sin embargo, qué pasaría si usted no monta a caballo? ¿Qué pasaría si no tiene experiencia en el campo? Usted necesita pensar como un entusiasta de los caballos y conversar con ellos. Usted necesita buscar en línea y ver dónde se reúnen estas personas. ¿Hay compañías u organizaciones de certificación que usted puede utilizar como canal de distribución? ¿Cuándo navega por esas páginas web quiénes son sus competidores potenciales? ¿Usted ve su publicidad en la página web? ¿Qué están haciendo que se ve atractivo? ¿Qué mensajes están enviando y a quién pareciera que le están hablando? Encuentre a sus competidores potenciales y observe qué están haciendo y diciendo. Ellos están conversando con su población y probablemente están haciendo un muy buen trabajo. Concéntrese en los líderes en el sector y no en los pequeños. Las lecciones se aprenden de quienes han hecho el trabajo antes que usted.

La belleza del Internet es que es infinito y usted no necesita que todos sean sus clientes. Hay millones de peces en el mar y si usted puede hacerse de un pequeño nicho de clientes que no han sido abordados correctamente o que están buscando algo nuevo, entonces usted tendrá muchas oportunidades de negocio.

Es importante pensar sobre sus clientes en profundidad. Veamos otro ejemplo. Digamos que usted va a vender un libro electrónico en línea titulado "Cómo Aprender a Montar a Caballo en 10 Días". En un primer instante usted pudiera pensar que es la misma población de nuestro ejemplo anterior. Pudiera decirse que quizás habría un cierto cruce pero en realidad es una población completamente diferente. En nuestro primer ejemplo tenemos como meta a las personas que montan a caballo activamente. Ellos son miembros de organizaciones y de grupos y ya montan a caballo. En este ejemplo, estamos seleccionando como meta a las personas que están buscando cómo aprender a montar a caballo.

Ellos son principiantes o personas que están buscando cómo comenzar a montar a caballo. El libro debería orientarse a personas que visitan páginas web relacionadas con actividades después de la escuela o de pasatiempos o páginas web de cómo hacer cosas. Si usted se apresura a generalizar podría asumir que todos son la misma población. Piense un poco más y se dará cuenta de que hay una ligera diferencia que es extremadamente importante. Si usted está buscando personas para que compren su libro electrónico en una página web llena con personas experimentadas en la montura de caballos, usted está perdiendo su tiempo y su dinero. Vaya más allá y póngase en los zapatos de los clientes.

Finalmente, usted querrá asegurarse de que está seleccionando al grupo o al cliente que es alcanzable. Por alcanzable me refiero a ser capaz de hacer un mercado para ellos y expresar su discurso de ventas. Si su población meta es cualquiera que respire usted está en problemas. Eso es un cliente potencial demasiado grande y va a ser muy costoso de alcanzar. Si usted no tiene un nicho o un mercado específico corre el riesgo de perderse entre las masas.

Cuando se lanzó Amazon ellos eran una librería en línea. Ellos solo vendían libros y fueron capaces de construir un nicho para sí mismos. Ahora que han alcanzado a la masa crítica pueden ofrecer cualquier cosa. Usted no puede tratar de atraer a todas las personas. Seleccione un nicho y manténgase en él. Tratar de complacer a todos hará que su publicidad y su mercadeo resulten más costosos y sea más difícil tener un enfoque. Hay menos competencia y una posibilidad más fácil de captar a las personas que montan a caballo de la que hay de captar a cualquier persona a quien le gusten los deportes al aire libre.

Qué Necesito para Comenzar

¿Qué necesita realmente para comenzar un negocio en línea? Esta es una pregunta engañosa porque cada quien tiene metas diferentes sobre cómo quiere comenzar. Algunas personas quieren gastar millones de dólares para tener una gran fiesta de lanzamiento con una apertura impactante. Este libro no es para ellos. Este libro se centra en comenzar un negocio pequeño y hacerlo crecer de manera natural a uno grande. Con frecuencia las personas hacen referencia al proverbio de que la primera impresión es lo que cuenta o el que dice que usted solo tiene una oportunidad para hacer una buena primera impresión. Si bien esto es cierto, hay cerca de 3 mil millones de usuarios de internet en el mundo. Esto realmente significa que usted tiene 3 mil millones de oportunidades de causar una buena primera impresión. Es mucho mejor tener algo en línea con alguna oportunidad de hacer algo que no tener nada y ninguna oportunidad de vender algo. Lo que estoy diciendo es comenzar pequeño. ¿A quién le importa? Abra una tienda en línea con un producto si eso es todo lo que usted puede asumir para comenzar con algo. ¿Alguien no le va a comprar porque usted solo ofrece ese producto? Puede ser que algunos no compren pero puede ser que otros sí compren. Si ellos quieren ese producto específico y usted ha realizado un argumento convincente, lo comprarán. Usted tiene que comenzar en algún punto.

Hace solo 10 años, lanzar un negocio en línea pudo haber costado un poco más de $10,000 para comenzar. Yo les digo que pueden comenzar su negocio en línea con $500 y mucho de su tiempo. No estoy diciendo que usted solo necesita $500 y eso es todo. Tiene que estar comprometido con el proyecto para poder hacerlo realidad. Usted directamente recibe lo que usted pone en el proyecto. Si usted no está preparado para invertir su tiempo entonces esto no va a funcionar. Ahorre sus $500. Bien, $500 no va a funcionar o ser apropiado para la mayoría de ustedes. Usted pudiera tener acceso a más capital y querer comenzar un poco más grande para ser capaz de tener más productos o publicidad en más áreas, pero lo que yo digo es que eso no es necesario. Nosotros hemos comenzado múltiples proyectos con cantidades entre $500 hasta $3,000 de fondos asignados y los hemos hecho crecer en negocios de millones de dólares.

Un presupuesto razonable realmente depende de su producto y del acuerdo con sus proveedores. Puede ser que usted esté comenzando una compañía en línea de zapatos y la tienda de zapatos que está cerca de usted quiere hacer un trato con usted. Usted publica los zapatos en línea y cuando los vende, usted los compra de la tienda con un precio un poco mayor que la tarifa de venta al por mayor y ellos lo envían a su cliente. Esto le ahorra a usted el gasto de mantener un inventario de todos los zapatos y tallas y deja libre al capital. La tienda de zapatos también está complacida porque están vendiendo más zapatos y rotando el inventario por una ganancia menor pero ganancia al fin. Usted también puede estar escribiendo un libro electrónico. Si su plan es vender su libro electrónico entonces usted no tiene costo de inventario. Su costo fue el tiempo que usted ya invirtió para escribir el libro o el tiempo que invirtió para que alguien más escribiera el libro. Por nuestra experiencia si usted está pensando en una

Inventario Inicial tienda de tamaño pequeño con un inventario básico con un producto con un precio razonable, probablemente usted puede operar cómodamente con $2,000 a $3,000. Esto no es necesario pero probablemente es un buen comienzo.

Así que ya tiene su dinero, ¿pero qué más va a necesitar? Usted va a necesitar una computadora con acceso a Internet. Yo recomiendo mucho que tenga acceso a Internet de alta velocidad y una computadora confiable. Estos dos elementos posiblemente son las partes más importantes de su negocio. Usted administrará, comunicará y construirá su negocio desde su computadora. *Teléfono móvil* Además de su computadora un teléfono móvil inteligente le dará la flexibilidad de trabajar o responder un correo electrónico desde cualquier lugar. Esto no es necesario, pero puede ser de mucha ayuda para las miles de tareas que usted necesitará realizar. *Que necesita para empezar* Usted puede realizar operaciones bancarias, aceptar tarjetas de crédito, recibir llamadas de soporte y responder correos electrónicos desde cualquier lugar. Finalmente, una impresora que no trague tinta. Con una computadora, una conexión a Internet, una impresora, un teléfono y una cuenta bancaria, con por lo menos $500, usted ya está listo para comenzar. En el próximo capítulo comenzaremos a trabajar así que tome un respiro, relájese y prepárese para trabajar duro.

Establecer Metas y Prioridades

Comenzar puede sentirse como una tarea abrumadora y conversar con amigos y con la familia con frecuencia lo puede empeorar. La naturaleza humana es que las personas quieren que a usted le vaya bien; pero no mejor que a ellos. Dicho eso, usted escuchará a muchas personas decirle por qué su idea va a fracasar. Bien, yo no estoy diciendo que usted ignore todas esas cosas. Con frecuencia hay mucho de verdad en los comentarios que usted recibe. La mayor parte del tiempo puede ser que ellos estén en lo cierto, pero usted necesita tomarlos con cautela. ¿Estas personas están calificadas para emitir esa opinión? ¿Ya están ellos en el negocio? Yo siento un gran respeto y tengo muy en alto la credibilidad de las personas que ya son exitosas en un negocio por su cuenta. Si usted no ha comenzado algo o administrado algo por sí mismo entonces usted realmente no sabe qué se necesita. Esto no quiere decir que sus comentarios no sean relevantes o valiosos. Esto solo significa que se debe prestar más consideración a los comentarios brindados por quienes lo han hecho que a aquellos de quienes no lo han hecho.

Converse sobre su idea con los pesimistas. Usted querrá tener el mayor conocimiento posible sobre los obstáculos y querrá asegurarse de que tiene una respuesta viable para todos los escenarios o problemas que las personas le planteen. El trabajo duro puede solucionar muchos problemas pero no ignore los problemas evidentes de su idea. Cuando usted responda a la crítica piense una vez más sobre lo que acaba de decir. ¿Tiene sentido? Obtenga la retroalimentación de su idea de las personas. Las opiniones con frecuencia están equivocadas pero usualmente hay algo que aprender de ellas. Algunas veces le puede ayudar a ver su misión con más claridad.

Finalmente, cuando explique la idea trate de salirse de la ecuación. Diga que tiene un amigo que está pensando hacer x o y, además de lo que usted piensa sobre eso. Usted obtendrá una opinión mucho más honesta sobre la idea que si dice que es usted quien la está haciendo. Algunas veces las personas le dicen lo que usted quiere escuchar y no lo que ellos realmente piensan. Si usted se sale de la ecuación con frecuencia obtendrá mejores consejos.

Así que ya se ha decidido sobre la idea y se ha decidido sobre el producto o servicio que va a vender. Ahora es el momento de definir sus metas. Aquí es donde la mayoría de las personas se desvían. Usted puede no estar de acuerdo conmigo en este punto y muchas personas no lo están. Yo soy inflexible y pienso que si usted es organizado y piensa bien las cosas, entonces crear un plan de negocios es una pérdida de tiempo. A menos que su plan sea recolectar dinero y presentar su idea a las personas, es una total pérdida de tiempo. Yo entiendo que un plan de negocio le ayuda a prever los problemas y a organizarse. En teoría le ayuda a pensar sobre el mercado y la estrategia para el éxito. Todas estas cosas son ciertas pero no necesariamente requieren que usted escriba un plan de negocio formalmente elaborado.

Usted ya está leyendo este libro y si usted está leyendo este libro, hay muchas probabilidades de que ya haya leído muchos de los otros foros en línea y las opiniones sobre cómo comenzar una página web de comercio electrónico. Un plan de negocio le permite justificar su demora sobre lo que realmente quiere hacer a la final, que es lanzar o comenzar su negocio ahora. Si usted no está juntando el dinero entonces pare su plan de negocio ya. Esto sirve para un buen proyecto escolar pero no es algo que le llevará al mercado con rapidez. Cree una meta y delimite los pasos para llegar a ella. Las proyecciones arbitrarias de ingresos no significan nada y usted no debería perder su tiempo en ello.

La meta general o el lanzamiento de su negocio de comercio electrónico es solo eso. El lanzamiento de su negocio de comercio electrónico. Ahora bien, hay un par de teorías sobre cuándo hacer el lanzamiento pero yo suelo ubicarme en algún punto en el medio de las dos. Permítanme explicarme mejor. Así como ocurre con los niños hay dos escuelas de pensamiento. Cuando se les ofrece un tazón de caramelos, algunos niños comerán el tazón entero inmediatamente y otros guardarán caramelos para comerlos después o en varias oportunidades. Estas personalidades son diferentes pero no hay una que sea necesariamente correcta o incorrecta. Usted puede argumentar a favor de ambos lados.

Cuando usted esté planificando su página web de comercio electrónico va a necesitar tomar la decisión de cuál es el momento correcto para usted. ¿Usted lanza su página web rápidamente sin todo el inventario y sin todas las características y adornos que quiere o usted continúa pensando en la página web y ajusta las tonalidades del rosado una y otra vez solo para nunca hacer el lanzamiento? Como ya dije, yo siento que probablemente usted querrá ubicarse en algún punto entre los dos extremos. Usted necesita entender que nunca hay un momento perfecto y que nunca hay una página web perfecta. Es mucho más importante implementar su página web y a partir de allí hacer las actualizaciones. Una vez que se hace el lanzamiento usted puede continuar trabajando en su página web.

Así que usted dice, "Ya entendí. Necesito hacer el lanzamiento y no arrastrar mis pies, pero y eso qué significa". Eso significa que a grandes rasgos yo diría que no debería tomar más de tres meses para el lanzamiento de algo. Este va a ser un momento muy agobiante, pero con los niños, las tareas del hogar y posiblemente un trabajo a tiempo completo y otras responsabilidades usted todavía puede hacerlo. Mientras usted se mantenga comprometido lo puede lograr. Ahora yo puedo entender que algunos de ustedes están diciendo que estoy loco y que yo no comprendo cuánto tienen que hacer y las otras responsabilidades y los otros compromisos que tienen. Ustedes están en lo cierto. Yo no conozco su caso específico ni todas las responsabilidades que usted tiene pero eso solo son excusas. Usted ha escuchado esto con anterioridad.

> *"Si necesita que se haga algo, déselo a alguien ocupadó y él se encargará de hacerlo"*

Nosotros no estamos buscando excusas, estamos buscando acciones y soluciones. Si usted se dice a sí mismo que nunca lo va a poder hacer entonces nunca lo hará. Usted puede lograrlo pero nosotros no podemos lograrlo por usted.

Para mí uno de los pasos más importantes para hacer que algo suceda es organizar una lista de cosas por hacer. Puede sonar tan básico y tan simple pero si usted no tiene una lista de prioridades y de tareas que atender entonces estará trabajando frenéticamente en un millón de direcciones sin un plan. Hay muchas herramientas en línea diferentes que usted puede utilizar para mantener su lista y mantenerse organizado. Trello es una opción que las personas adoran que les permite agrupar y organizar sus cosas por hacer y sus ideas. Es gratuita y vale la pena darle un vistazo. Otras personas utilizan una lista simple de cosas por hacer en Gmail o en Microsoft Outlook. Esto también puede funcionar pero honestamente mi opción de lista de cosas por hacer es un viejo cuaderno de escuela.

Yo sé que suena tonto como presenté su exitoso camino hacia el lanzamiento de una página web de comercio electrónico pero aún hay algo que debo decir sobre una hoja de papel física o cuaderno de notas. Esto me permite ser capaz de apartar la mirada de la computadora y ver la lista. Adicionalmente, hay una pequeña sensación de logro que yo personalmente obtengo al marcar físicamente algo en la lista como ya hecho. Un cuaderno bueno y viejo de notas escolares dura por mucho tiempo. Sin importar lo que usted escoja, permanecer organizado con una lista es fundamental. De esta manera usted no se pierde en el camino hacia la meta final.

> *"Todo el panorama es el lanzamiento y todos los demás elementos son pendientes que están en el camino"*

El primer paso es comenzar con una lista de todas las cosas imaginables que usted va a tener que hacer. Esta debe ser una lista exhaustiva que va desde decidir el nombre y diseño de su logotipo hasta la fuente de suministro de sus productos e imágenes. Para darle algunas ideas hemos incluido esta lista como un punto de comienzo. Cada negocio es un poco diferente y en consecuencia va a tener una lista completamente diferente pero esta debería darle una idea del tipo de cosas que debe poner en su lista.

- ☐ **Defina su capital inicial $$**
- ☐ **Decida un nombre**
- ☐ **Registre su nombre de dominio**
- ☐ **Configure su correo electrónico**
- ☐ **Archive sus documentos corporativos**
- ☐ **Obtenga su Número de Identificación del Empleador (EIN, por sus siglas en inglés) para el impuesto federal**
- ☐ **Haga el registro ante el Estado para el Impuesto a las Ventas**
- ☐ **Configure su cuenta bancaria**
- ☐ **Deposite fondos en su cuenta bancaria**
- ☐ **Obtenga cheques y tarjetas de débito/crédito**
- ☐ **Obtenga un número de teléfono**
- ☐ **Decida sobre la estrategia de la contabilidad**
- ☐ **Diseñe su logotipo**

- Defina su paleta de colores y el estilo de la página web
- Decida su plataforma de ventas
- Configure su plataforma de ventas en línea
- Obtenga una página estable de inicio con la opción de que el usuario autorice recibir correos electrónicos (opt-in)
- Comience a dar a conocer a las personas que usted está trabajando en su proyecto
- Decida el proceso de pago y aplíquelo
- Elabore una lista de Marcas/Proveedores
- Contacte a las marcas para determinar los requisitos y los términos de compra
- Elabore un desglose de los productos iniciales que se pretende tener y el costo de su obtención
- Asegúrese de que su lista tenga suficiente diversidad y variedad (tallas, tipos)
- Determine si el proveedor tiene fotografías de los productos o si usted es el responsable
- Emita las órdenes de compra al proveedor
- Comience a reunir las fotografías de los productos
- Modifique el tamaño de las fotografías y remueva el fondo o hágalos uniformes
- Obtenga imágenes adicionales o logotipos de los proveedores
- Registre todas sus cuentas de redes sociales
- Comience a escribir descripciones originales de los productos
- Comience a añadir productos a su plataforma
- Decida el embalaje, el envío y el material para las órdenes
- Ordene tarjetas de negocio o panfletos
- Cree una cuenta en Google Analytics
- Comience a crear enlaces de retroceso (backlinks) mientras realiza la investigación

- Escriba una o dos publicaciones en el blog sobre el comienzo y sobre usted mismo
- Defina una fecha para el lanzamiento y comience a desarrollar un gran despliegue publicitario en los medios sociales
- Elabore una lista con los correos electrónicos de amigos y familiares
- Cree un código de descuento para amigos y familiares
- Abra su página web
- Envíe un anuncio por correo electrónico a todas las personas que conoce
- Actualice su estado en todas las páginas web de las redes sociales
- Consigne su página web a Google para su inclusión
- Elabore un cronograma para actualizaciones sociales
- Pida a sus amigos que hagan referencias
- Configure una cuenta de Google AdWords y en otras campañas CPC (costo por clic)
- Socialmente cree enlaces de retroceso y con otros mecanismos
- Vigile sus fondos y concilie sus libros contables
- Elabore una lista de oportunidades de ventas locales o de eventos
- Elabore una lista de organizaciones en sociedad
- Limpie y repita todo su contenido, actualizaciones de productos, publicaciones en blogs e intercambio social

[2]

Construir su Negocio de Comercio Electrónico

USTED YA REUNIÓ EL coraje, el capital apropiado, los recursos y ya no le quedan más excusas. Es el momento de profundizar y de comenzar. Así que vamos a hacerlo.

Decidir el Nombre

Vamos a comenzar con algo divertido. Vamos a comenzar con un nombre para su nuevo emprendimiento. Esta es la parte que la mayoría de las personas disfruta. Si bien este es un trabajo que se disfruta, usted no debería tomar más de un par de días para decidir el nombre y seguir avanzando. No puede quedarse atrapado en esta etapa porque francamente no es la cosa más importante. Sin embargo, esto puede robarle todas sus energías. A continuación encontrará una historia que refleja un poco de mi proceso de pensamiento al darle nombre a su compañía. Esta historia es sobre un servicio en línea que ya no poseemos pero que toca muchos factores importantes a tomar en consideración y le dará algunas ideas.

"Cuando nosotros comenzamos crow tracker (seguimiento de cuervo) y el concepto de hacer seguimiento a la ubicación de los empleados, nos dimos cuenta de que esencialmente teníamos millones de opciones de nombres. La mayoría de las posibles ideas sonaban aburridas o genéricas. Track My Employee (sigue a mi empleado), Employee GPS Tracker (GPS de seguimiento de empleado), Where are My Employees (dónde están mis empleados), Dude Where's My Car (tío dónde está mi carro), Where oh Where (dónde o dónde), As the Crow Flies (como vuelan los cuervos), Employee Location Tracker (seguimiento de ubicación de empleado), Employee Tracker (seguimiento de empleado), y la lista sigue y sigue con otras opciones.

Nosotros queríamos algo diferente. Algo memorable y quizás con un toque de ingenio. Además, históricamente nosotros asignábamos a nuestros productos o compañías nombres de animales o colores para así crear algo fácil de recordar. Usted no quiere que alguien le diga a sus amigos que están utilizando "Track My Employee" (sigue a mi empleado) solo para que una vez más nunca recuerden ese nombre genérico sin significado. Era Track My Employee (sigue a mi empleado) o Employee Tracker (seguidor de empleado) o GPS Tracking (seguimiento con GPS) blah blah blah. Yo siento que si el nombre tiene en él algo como un color o un animal, es más fácil de deletrear, de recordar y con suerte de que se haga la referencia.

Bien, ahora nosotros necesitábamos un color o un animal y algo memorable o ingenioso. Varios de nosotros en la oficina estábamos viendo Game of Thrones en ese entonces. En Game of Thrones, ellos utilizan un sistema elaborado de cuervos mensajeros. Estos cuervos entregan mensajes desde una ubicación o castillo a través de la tierra hasta otro. La idea es que ellos eran rápidos y podían viajar directamente sin tener problemas en tierra desde un punto hasta el otro.

Este es el concepto a partir del cual surgió la expresión "A Vuelo de Pájaro". Wikipedia dice *que A vuelo de pájaro es una expresión que significa el camino o ruta más corta entre dos puntos cualesquiera. La expresión "A Vuelo de Pájaro" ya había estado presente o aparentemente ya había sido impresa en una fecha tan temprana como 1758. Eureka, habíamos encontrado un animal y un concepto que estaba muy bien relacionado con el concepto de localización de sus empleados o con el seguimiento de personas. Era corto, sucinto, un poco ingenioso (pero no tanto) y era un animal memorable fácil de deletrear. Pero existía un último problema. Era el problema que atraviesa todo negocio nuevo cuando decide su nombre.*

Necesitábamos un nombre de dominio. Ahora suena un poco loco pensar que una combinación obscura de algunos nombres aislados sin afiliación posiblemente pudieran estar ya

registrados. Usted estaría sorprendido de ver con cuánta
frecuencia pasa esto. Monkey Dancer (mono bailarín). Sí,
alguien ya es propietario de esto. Purple Dinosaur (dinosaurio
morado). Sí. As the crow flies dot com (como el cuervo vuela
punto com). Ese también. Finalmente tiene que ser un .com.
No estamos interesados en .us u otras extensiones de dominio
inútiles. Trackmyemployeegps.org. No mucho. Así que fuimos
a ver si el nombre ya estaba ocupado. Voila, estaba
disponible. Pagamos los diez dólares y ya era nuestro.
www.crowtracker.com"

Si bien esta historia se trata de un servicio en línea y no es relevante para su página web de comercio electrónico, le demuestra algunas de las cosas que nosotros pensamos son fundamentales al darle un nombre a su compañía. ¿Es fácil de recordar, fácil de diferenciar entre la multitud, fácil de deletrear y lo más importante, el nombre del dominio estaba disponible?

Registro de su Nombre de Dominio

Por favor no se decida por su nombre y cree su compañía antes de tener el nombre del dominio. No me importa cuán ingenioso o perfecto sea el nombre de su compañía. Si no puede obtener un buen nombre de dominio entonces no tiene importancia. Usted está formando un negocio de comercio electrónico y el nombre del dominio es la manera más importante para que las personas lo ubiquen. Como pudo apreciar en la historia anterior hay muchas cosas que se deben tomar en consideración. Usted no quiere ser lindo con la forma de deletrear su nombre de dominio. Piense en decirle a alguien el nombre del dominio de su página web y luego piense cuál es su próxima oración. Si la próxima oración que sale de su boca es cómo se deletrea, usted está cometiendo un error con su nombre de dominio. Usted no quiere tener que explicar a cada persona cómo se deletrea su página web. Usted no quiere un guion en su nombre. Usted no quiere un .net o un .us o cualquier cosa que las personas van a olvidar. Quédese con un .com.

Hay un par de cosas que se deben tomar en consideración cuando se escoge un nombre de dominio, relacionadas con la optimización de los motores de búsqueda. Luego vamos a profundizar en esto en más detalle pero la optimización del motor de búsqueda es cómo usted va a ser capaz de controlar los factores que dan como resultado dónde se muestra su página web en los motores de búsqueda. Cuando las personas buscan Cascos para Motocicleta y usted es una tienda en línea que ofrece cascos para motocicleta usted querrá aparecer de primero en los resultados de la búsqueda. Hay una correlación directa entre el tráfico y cuan alto usted aparece en los resultados. No quiero perderlos aquí, pero la razón por la cual lo traigo a colación es porque nosotros creemos que su nombre de dominio es uno de los factores considerados en el posicionamiento de su página web por varios aspectos. Este es un argumento debatible y usted encontrará tantas personas en línea diciendo que eso es importante como otras tantas diciendo que no importa. Yo lo digo luego de haber hecho pruebas con docenas de páginas web, sí ayuda. No cambia las reglas del juego, pero sí ayuda. Generalmente, esto significa que www.motorcyclehelmets.com (cascosparamotocicletas) podría tener más oportunidades de aparecer más alto en los resultados de la búsqueda que www.chipsheadprotection.com (papasfritasdeproteccióndecabeza) cuando se hace la búsqueda de "motorcycle helmets" (cascos para motocicletas).

Ahora usted necesita realmente buscar el nombre de dominio disponible y registrarlo. Diríjase a GoDaddy. Es simple y poco costoso. Usted sólo necesita un nombre de dominio y si también le gustaría tener otra capa de privacidad, puede añadir privacidad al registro del dominio por un pago adicional de $15 o $20. Nosotros le recomendaríamos que haga esto ya que de lo contrario su dirección y su nombre estarán visibles para el protocolo de búsqueda (whois) de dominios. No representa un gran problema pero pudiera ser que usted no quiera mostrar en línea la dirección de su casa. Cuando esté registrando su dominio asegúrese de no añadir cosas como el servidor de Internet (hosting) o el correo electrónico u otra información innecesaria. Vamos a discutir estos temas más adelante, pero en este momento usted no necesita subir de categoría, salvo que quiera añadir la protección opcional de privacidad.

Cuando registre su nombre de dominio le van a preguntar por cuántos años le gustaría registrar su dominio. Hay una cantidad de profesionales en motores de búsqueda que

33

hoy día afirman que este es otro factor que Google utiliza para asignar un rango a su página web. Ellos creen que un registro más extenso o contar con más tiempo remanente en el periodo de registro implica permanencia y por lo tanto es una página web más confiable.

Página web confiable = Un rango más alto en los resultados de la búsqueda

Nosotros no podemos afirmar que esto sea cierto pero es algo que se debe tomar en consideración cuando realice el registro de su nombre de dominio. Un término medio satisfactorio entre el costo y esta preocupación pudiera ser registrar su dominio durante 2 o 3 años. No representa un gran gasto adicional y le da la tranquilidad mental de que no necesita preocuparse sobre esto durante algún tiempo.

Configurar su Correo Electrónico

Bueno, ya tiene su nombre de dominio así que ahora vamos a configurar su correo electrónico. Este es un paso realmente importante que muchos negocios nuevos no realizan. Es importante parecer y actuar en grande incluso si usted es una operación de un solo hombre. La belleza de Internet es que nadie realmente sabe cuán grande o pequeño es usted salvo que, por supuesto, usted se lo muestre. Tener un correo electrónico personalizado es la manera más fácil de pasar la prueba del olfato. No hay nada más malo que tener una tarjeta de presentación y ver que la dirección de correo electrónico de la persona es suziesmall@hotmail.com. Esto solo muestra que usted tiene una operación pequeña y luce poco profesional. Bien, hay muchas maneras de lograr esto y pudiera ser que usted quiera obtener el correo electrónico directamente de GoDaddy pero mi recomendación personal luego de haber utilizado muchas opciones diferentes es registrarse en Google Apps para Empresas.

Google Apps para empresas está construida en su plataforma de Gmail. Gmail es el proveedor de correo electrónico en páginas web más ampliamente utilizado con más de 425 millones de usuarios activos alrededor del mundo. Google Apps le permitirá utilizar fácilmente su nombre de dominio para crear pseudónimos de correo electrónico o grupos. Por ejemplo, si su nombre es Suzy Queen usted puede crear cualquier dirección de correo electrónico que quiera como suzyq@yourdomainname.com o suzy@yourdomainname.com. Usted también podrá configurar un pseudónimo de soporte o un pseudónimo de tienda o cualquier cosa que usted quiera como devoluciones@sunombrededominio.com. También puede configurarlos y solo hacer que se reenvíen a una sola dirección de correo electrónico. De esta manera puede dar la apariencia de que tiene múltiples departamentos, cuando en realidad todos están siendo direccionados a usted. Google Apps también viene con un conjunto completo de aplicaciones de otras características, como calendario y la posibilidad de conectarse con Microsoft Outlook, si usted prefiere utilizar Outlook para enviar y recibir correos electrónicos.

Apartando todo esto, nosotros no pudiéramos operar sin Google Apps. Nosotros operamos varios negocios diferentes con diferentes nombres de dominio y más de cien pseudónimos con Google Apps. El costo es de $5 por usuario de cuenta mensual y valen la pena los 17 centavos diarios que usted paga por ello. Los usuarios competentes, una vez que se adaptan a ello, ahorrarán un tiempo considerable al responder los correos electrónicos con los atajos del teclado. Adicionalmente, todo se puede realizar desde un acceso con base en la página web a su correo electrónico desde cualquier lugar con una conexión a Internet. Ellos tienen unas aplicaciones muy buenas para Android y para iPhone así como también una fácil integración a todos los otros servicios de Google, y lo discutiremos más adelante en este libro. Busque y tome en consideración otras alternativas, pero para mí, no hay otra opción.

Constituir una Compañía

La creación legal de su compañía con frecuencia es considerada como un paso difícil y uno en el cual las personas invierten mucho tiempo y mucho dinero. Yo les he dado la declaración de limitación de responsabilidad de que nosotros no somos abogados ni profesionales tributarios y si usted siente la necesidad de consultarlos, usted absolutamente debería hacerlo. Poniendo a un lado la declaración de limitación de responsabilidad, usted pudiera encontrar que conversar con un miembro de la familia o con un amigo con experiencia también pudiera servirle. De hecho ellos pudieran darle una asesoría similar sin tener que pagar honorarios innecesarios. Nosotros siempre hemos estructurado nuestros nuevos emprendimientos como LLC o Compañía de Responsabilidad Limitada (por sus siglas en inglés). El beneficio de esta estructura es que es tratada como una entidad corporativa y responsable de llenar devoluciones de impuesto al final del año pero el flujo de ingresos y gastos se hace a través de su devolución personal de impuestos. La LLC actúa como una entidad independiente que es responsable de sus acciones y tiene responsabilidad limitada hasta la cantidad de activos que tenga la compañía. Esto le brinda los beneficios de una compañía sin la complejidad de una corporación. Como ya he dicho, usted pudiera querer consultar a un profesional para tomar esta decisión por usted mismo. Si no cuenta con alguien con quien conversar, busque en Internet ya que hay recursos innumerables que le explicarán la diferencia.

Una vez que ya decidió qué tipo de entidad corporativa va a crear, por favor piense dos veces antes de pagarle a un abogado $500 o más para presentar todo el papeleo. Yo vivo en Florida y no estoy seguro de cómo es el proceso en todos los estados pero la mayoría de los estados tienen una división de corporaciones. Esta es la agencia del Estado responsable por el otorgamiento de licencias y de la formación de compañías. En el estado de la Florida usted podría acudir a la página web de la División de Corporaciones y llenar su papeleo. Puede buscar en la página web para encontrar el enlace para crear una compañía nueva sin importar cuál sea su estructura. Su proceso en línea le permite completar todo el proceso en aproximadamente 15 minutos y el pago es de $150 en tasa de registro del Estado. Una vez que haya completado este proceso en línea usted está oficialmente registrado. No hay tiempo de espera ni un periodo de retención. Usted puede presentar su solicitud y estar registrado en 15 minutos.

Así que ahora ya está listo para hacer negocios, ¿cierto? Pues no tan rápido. No olvide sus impuestos. Su próximo paso es registrarse ante el gobierno federal para obtener su número de identificación fiscal. Su Identificación Fiscal se utiliza para presentar y pagar impuestos federales. Usted necesita llamar y obtener su EIN o Número de Identificación de Empleo (por sus siglas en inglés) también denominado como Identificación (ID) Fiscal. Este número es el equivalente al número de Seguridad Social para las compañías. Usted utilizará este número al final del año para presentar sus impuestos. Es el número de identificación federal de su compañía. Obtener el número EIN es simple y rápido. Puede hacerlo en línea o mediante una llamada telefónica y de hecho la agencia está abierta hasta tarde la mayoría de las noches. Usted querrá buscar el EIN en línea y asegurarse de que está direccionado hacia la página web del ISR (Servicio de Impuestos Internos). No caiga en páginas web con apariencia similar. Debe ser la página web real del ISR.

Una vez que ha completado el registro de su EIN, deberá acudir ante la autoridad fiscal estatal y registrarse para pagar el impuesto sobre las ventas al Estado. Es importante que se familiarice con las políticas específicas de impuestos de su Estado. Por ejemplo, la venta de productos digitales en Florida tiene implicaciones fiscales diferentes de la venta física de productos. Adicionalmente, la ubicación de su cliente y dónde se realiza la venta también afecta la tasa. Cada Estado tiene sus propias leyes fiscales y usted debe investigar esto directamente en la página web del Estado. Si no está seguro, tome su teléfono, llámelos o envíeles un correo electrónico. Se sorprenderá de lo colaboradores que son. En Florida la entidad es el Departamento de Impuestos de Florida. Hacer el registro ante el Estado debería ser su último paso, ya que la mayoría de las autoridades estadales le solicitarán su número de compañía de la División de Corporaciones así como también su EIN para configurar su cuenta. "Qué #$%@!," está diciendo usted. Relájese. Respire profundo. Este proceso no es tan difícil como parece y hay detalles muy completos en muchas de esas páginas web para ayudar a las personas como usted a través del proceso, en caso de que quede atascado.

Configurar su Cuenta Bancaria

Esta no es nuestra especialidad pero al tener varios negocios y cuentas en una cantidad de diferentes establecimientos bancarios, pensé que podía proporcionar mi experiencia con esta decisión en particular. Los servicios bancarios parecen ser uno de esos tópicos y decisiones personales que las personas no discuten abiertamente. Es extraño que las personas guarden esto en secreto pero, sin embargo, no es más que una observación curiosa. La mentalidad de la vieja escuela bancaria involucraba vestirse bien con buena ropa para ir a reunirse con el gerente del banco del vecindario. Allí usted se sentaría con un representante y le harían una entrevista para abrir una cuenta o para solicitar un crédito. Yo no quiero decir que esta relación no exista en nuestros días en algunas partes del país, pero la banca en general se ha tornado mucho menos personal. A medida que los bancos buscan maximizar las ganancias, lo hacen mediante la reducción de los gastos. Si ellos le pueden mantener sin tener que hablar con cajeros o empleados, necesitarán menos empleados. Menos empleados reducen sus gastos y benefician sus resultados finales. Como resultado los bancos están ofreciendo más y más servicios en línea o en aplicaciones (Apps).

Yo entiendo que la proximidad y los bancos locales ofrecen un nivel de soporte que usted pudiera no recibir de parte de un banco grande. Pero la verdad es que yo no lo necesito. Si usted vive en una zona del país donde se dispone de Bank of America, yo lo recomendaría mucho. Usted es capaz de crear una cuenta, solicitar un crédito, depositar cheques, transferir fondos y casi cualquier otra transacción bancaria desde la comodidad de su casa. Un banco pequeño local no puede ofrecer la tecnología y las características que le puede ofrecer un banco grande. Yo entiendo que esto pudiera no funcionar para todos y cada quien tiene cosas diferentes que son importantes para ellos. Haciendo a un lado todo eso, la conveniencia de manejar varias solicitudes diferentes con rapidez y sin mucha fanfarria funciona para nosotros.

La Contabilidad

Usted ya está bostezando, ¿no es cierto? Deténgase. Esto es importante y con frecuencia se descuida. Puede que no necesite conocer todos los detalles del código tributario y los pormenores de las exenciones. Sin embargo, usted debe tener una idea de las finanzas de su compañía. Usted está planificando el lanzamiento de una compañía austera y cada dólar va a ser importante. Necesita saber cuánto tiene en cada momento. Nadie más, solo usted mismo, debería ser responsable de esto. Olvide el hecho de que usted pudiera no ser bueno o no estar interesado en matemáticas. Esas son solo excusas y si usted no puede administrar su dinero, entonces no debería estar lanzando una compañía. Enfréntelo y aprenda. No es tan difícil. El dinero que usted obtiene es ingreso y el dinero que usted gasta es egreso. Ingresos menos egresos igual a ganancia.

Entonces, ¿cómo le va a hacer seguimiento a esos gastos y asegurarse de que no gaste en exceso o sobregire su cuenta? Yo recomendaría mucho QuickBooks. Nosotros ya tenemos años utilizando QuickBooks pero en el último par de años ellos han lanzado una nueva versión en línea. Esta versión en línea le permite conectarse con su cuenta bancaria y realmente extraer todas las transacciones desde su banco automáticamente. Esto ahorra un enorme tiempo de ingreso de información. Una vez a la semana usted puede acceder y clasificar los ingresos y los egresos que ya han sido añadidos automáticamente para su revisión en su cuenta de QuickBooks.

Sin importar cómo lo haga, usted necesita mantenerse actualizado y tener esto ordenado sobre la marcha. Demorar y esperar solo hará que el problema crezca como una bola de nieve. Comenzar es fácil y una vez que tenga un sistema organizado, puede dormir tranquilo al saber que está actualizado, es preciso y está atendido.

Obtener un Número de Teléfono

Los días de las líneas telefónicas fijas están llegando a su fin rápidamente. Si bien aún hay algunos beneficios de tener una línea telefónica fija, éstas ya han sido ampliamente superadas por la movilidad de los nuevos números virtuales y las características que estas conllevan. Cuando nosotros hablamos de números virtuales estamos hablando de números controlados por computadora que usted puede direccionar a cualquier teléfono o correo de voz que usted quiera. Hay una gran cantidad de servicios de números disponibles y nosotros hemos utilizado muchos de ellos. Para su propósito de una página web de comercio electrónico nuestra recomendación para usted es que registre un número de teléfono de voz de Google.

Google ofrece un servicio gratuito que pocas personas conocen. Vaya a Google Voice y obtenga una cuenta. Allí usted podrá seleccionar un número de teléfono entre una lista de números que ellos poseen. Una vez configurado, usted puede reenviar este número a su teléfono personal, bien sea su teléfono móvil o su teléfono de línea fija. De esta manera el número es virtual. Usted no tiene que divulgar su número de teléfono personal y será capaz de ver todas las llamadas entrantes de ese número de teléfono. Esto le permite responder con su mensaje corporativo y no con sus llamadas personales cuando alguien le llama desde este número personalizado. Google Voice viene con un conjunto de otras características que incluyen correo de voz, que usted puede configurar solo para la compañía, así como también la transcripción de mensajes que le son enviados por correo electrónico a su bandeja de entrada si usted pierde una llamada. Estas características son increíbles y al ser gratis no puede superarlas.

Si usted cuenta con una cantidad de personas diferentes que van a estar involucradas con su lanzamiento inicial y siente que necesita algo un poco más robusto para el negocio, nosotros igual le recomendamos que obtenga un número virtual. Dos proveedores diferentes que nosotros hemos utilizado son OneBox y Ring Central. Ambos son muy poderosos y le permiten crear ramas de teléfonos personalizados y direccionar varias extensiones a los teléfonos de otras personas. Esto le permite verse como una operación grande pero simplemente se trata de reenviar llamadas a otros teléfonos móviles o de línea fija. Usted querrá verificar muy bien los números disponibles de cada proveedor en su código de área deseado antes de contratar alguno ya que ambos tienen inventarios limitados de varios códigos de área.

Crear su Logotipo

Obtener un logotipo es una de esas cosas que con frecuencia pueden tomar mucho tiempo. Es una tarea divertida, al igual que tratar de obtener su nombre, y es por ello que muchas personas invierten tanto tiempo en eso. Hay una cantidad de rutas diferentes que puede tomar para obtener el diseño de su logotipo. Usted puede contratar a una compañía de mercadeo profesional y conversar sobre los sentimientos y la audiencia y luego gastar tiempo y dinero en encuestas al consumidor y otras cosas sin sentido. Por otra parte, usted puede decidir qué le gustaría y qué no le gustaría tener y compilar eso en una descripción de su logotipo ideal. A partir de este punto, usted tomará esa descripción para hacer que diseñen su logotipo.

Si usted es más de hacer las cosas por sí mismo, debería acudir a Pixellogo. Aquí usted puede buscar a través de miles de opciones y filtrarlas de acuerdo con su búsqueda. Por un precio razonable de $30 hasta $40 usted puede comprar el archivo de un logotipo y luego modificar las palabras y los colores si usted escoge equipararlo con su imagen y su sentimiento deseado.

Si usted está buscando algo un poco más personalizado, yo le recomendaría que le diera un vistazo 99 Designs. 99 Designs le permite administrar su propio concurso. Es más costoso y comienza en alrededor de $250. Usted definirá lo que está buscando en un logotipo, lo que le gusta y lo que no, y luego las personas le enviarán sus diseños para su revisión. Usted puede marcar que le gusta o que no le gusta, para ir reduciendo las opciones hasta el logotipo final que usted escoja.

La última opción y la más económica es ir a Fiverr. Esta página web le permite comprar miles de servicios diferentes por parte de personas en línea en su mayoría de países en vías de desarrollo por $5. Usted puede entonces ver su trabajo y suministrar su descripción para darles una guía para la creación de su logotipo. Puede tomar 2 o 3 vendedores para encontrar uno que realmente cree lo que usted está buscando.

> ADVERTENCIA <
Este sitio tiene muchos proveedores de baja calidad pero hay grandes cantidades de proveedores excelentes. Usted tiene que buscar bien y examinar el trabajo. No les puedo mencionar la cantidad de cosas que hemos hecho por medio de Fiverr. Mandamos a hacer un video personalizado del Profesor Von Puppet y una fotografía para el lanzamiento de nuestra tienda de joyería en línea que le muestro debajo, así como el formato de este libro y muchos otros servicios de mercadeo y SEO. Revise las reseñas de las personas y no sea el primero en probar los servicios de alguien. Seleccione a alguien que ya tenga una reseña positiva de otra persona.

Profesor Von Puppet

Imagen del Lanzamiento

Qué Tipo de Sitio Web Debería Ser

Usted tiene un nombre, un logotipo, una entidad corporativa y ahora es el momento de realmente definir el tipo de página web que va a lanzar. Es importante pensar sobre todos los tipos diferentes de páginas web que existen en línea y considerarlos como opciones. El comercio electrónico ya no hace referencia específicamente a la página web tradicional donde usted vende un conjunto de productos que puede añadir a su carrito de compras. De hecho, hoy en día hay muchos tipos diferentes de páginas web en línea, y todas utilizan esencialmente el comercio electrónico. Básicamente hay cuatro tipos de páginas web de las que vamos a hablar aquí. Estos cuatro tipos de páginas web pueden ser divididas así: Blogs, Páginas de Aterrizaje, Foros y Páginas de Compras.

Blogs

Definido como un foro de información o para la discusión donde una o pocas personas publican contenido en línea. Las actualizaciones se pueden realizar diariamente, semanalmente o con la frecuencia que quiera el escritor. Hacer publicaciones en blogs se ha tornado extremadamente popular en los últimos años y le ha permitido a las personas publicar con facilidad sus pensamientos, noticias u otra información para un grupo regular de lectores. Luego de obtener seguidores, muchos blogueros han buscado la forma de obtener dinero de sus páginas web. Esto se puede hacer de muchas maneras incluyendo ventanas de publicidad, programas de referencia o incluso vendiendo sus propios productos relacionados junto con su blog.

Hay una cantidad de plataformas diferentes que usted puede utilizar para configurar fácilmente un blog incluyendo Blogger y el más popular WordPress. WordPress es la plataforma para blogs más grande y es gratis. Hay millones de páginas web con WordPress y dado su éxito en el transcurso de los años es la opción de plataforma que nosotros recomendamos. WordPress se puede alojar gratis en wordpress.com con publicidad. Si usted quiere lanzar una página web con imagen profesional, nosotros le recomendaríamos que usted mismo tenga el servidor de Internet a través de una compañía proveedora de servicios de Internet (hosting). Una de las más grandes y más fáciles de configurar es Blue Host que ofrece la configuración de WordPress y suministra servicio de Internet por menos de $10 al mes.

WordPress es una plataforma extremadamente poderosa diseñada para usuarios principiantes e intermedios con actualizaciones simples disponibles desde una sección de administración muy fácil de utilizar. Usted no necesita ser un programador para poder manejarla. Hay miles y miles de extensiones gratis poderosas que pueden ser instaladas por principiantes y esto la convierte en una buena opción para quienes están buscando un blog. WordPress no tiene lista para usar la función de comercio electrónico y usted necesitará buscar un programa adicional disponible de comercio electrónico (hay cientos de ellos) para añadir pagos a su página web de WordPress. Esta opción es la mejor si usted primero quiere comenzar un blog y conformar una audiencia con la intención de añadir comercio electrónico más adelante en el camino. Con WordPress no hay mucho en qué pensar. Usted puede acudir a Blue Host y registrarse, y ellos harán toda la configuración para usted en minutos incluyendo WordPress.

Páginas de Aterrizaje

Una página de aterrizaje es una o un par de páginas creadas exclusivamente para direccionar a los visitantes a la opción de introducir un correo electrónico o para comprar un producto. Generalmente, estas son páginas muy específicas centradas en la sola intención de definir el producto o el servicio, que muestran promociones, atienden cualquier preocupación y conducen al visitante hacia el resultado deseado. Con frecuencia usted verá obsequios gratis por seleccionar la opción de ser incluido en una lista de correo electrónico y luego se realiza la venta en el transcurso del tiempo a través de campañas gota a gota por correo electrónico. Hablaremos sobre los correos electrónicos gota a gota más adelante en este libro.

Las páginas de aterrizaje han evolucionado sustancialmente durante los años. Con la popularidad de los medios sociales, se ha tornado extremadamente importante mostrar promociones sociales pensadas para su producto o servicio. Las personas quieren ver lo que otros están diciendo sobre su producto en las varias diferentes plataformas. Nosotros hemos estado utilizando una página llamada LeadPages y estamos muy contentos con los resultados. Esta página web fue diseñada para principiantes y le permite arrastrar y soltar fácilmente elementos para personalizar su página de aterrizaje específica.

Usted puede escoger entre plantillas realizadas previamente para páginas de aterrizaje. La mejor característica es que le muestran a usted las tasas de conversión de todas las plantillas diferentes de las páginas de aterrizaje. Estas comparten la información de todos sus otros usuarios y usted es capaz de ver qué porcentaje de personas optan o compran de cada tipo diferente de plantilla. Lead Pages ofrece una tonelada de plantillas diferentes para opciones de páginas de captura de correos electrónicos, plataformas de entrenamiento en video y otras opciones que se centran en las ventas de un solo producto o de una clase de servicio. Ellas han sido ampliamente probadas por miles de usuarios y la mayoría han sido mejoradas para verse bien en teléfonos inteligentes así como también en computadoras de escritorio. Si usted está pensando vender un libro electrónico o clases de entrenamiento, esta es una buena opción para usted.

Foros

Los usuarios se reúnen para intercambiar sus pensamientos entre sí sobre varios tópicos de discusión diferentes. Puede tomar tiempo formar una audiencia y un grupo de personas con este tipo de página web para soportar la comunidad. Hay muchos foros exitosos con cubren tópicos específicos creando un grupo altamente específico de usuarios comprometidos. Los propietarios de los foros tratan de monetizar sus páginas, similar a un blog, con propaganda, programas de referencia o comercio electrónico directo de un producto o servicio específico diseñado a la medida para su audiencia.

Un foro está un poco más involucrado en la configuración o en el mantenimiento, pero la manera más fácil de hacer esto y la que nosotros le recomendaríamos es configurar un servidor de Internet de WordPress en BlueHost y realmente instalar un programa adicional BuddyPress. BuddyPress es un accesorio adicional de Wordpress que convierte su página web de WordPress en un foro donde las personas pueden registrarse y comentar, y tiene además miles de otras características. BuddyPress es gratis. Hay miles de foros en línea exitosos soportados por BuddyPress y esto le permitirá configurar un foro con poca o limitada experiencia técnica.

Páginas de Compras

La última de las cuatro opciones que vamos a considerar es la página de compras convencional. Esta es un tienda orientada al producto con un carrito de compras y el modelo estándar de compra de artículos en línea. Este tipo en particular es uno al que dedicaremos más tiempo en su estudio a lo largo del libro. Este es el modelo tradicional de tienda.

Hoy día hay una gran cantidad de opciones de servidores de Internet para construir su tienda en línea, pero nosotros vamos a enfocarnos en nuestro favorito que es Shopify. Además de Shopify, hay otras opciones como Volusion, Yahoo Stores y opciones simples como eBay o la tienda Etsy. Si bien estas otras opciones pueden ser tanto limitantes como poderosas, nosotros creemos que Shopify ofrece el balance perfecto de opciones para principiantes y personalizadas, lo que le permite verse profesional con muy poca experiencia.

Shopify da soporte a más de 100 mil tiendas de comercio electrónico en línea y le permite a usted establecer, configurar y lanzar una página web de comercio electrónico y aceptar pagos en una semana. Configurar una cuenta puede tomar 10 minutos y usted tendrá una plantilla por defecto o un diseño gráfico para su página web inmediatamente. Si bien el diseño gráfico por defecto es bonito y puede ser suficiente, yo recomiendo invertir un poco más de dinero y comprar una plantilla receptiva para que sus usuarios obtengan una gran experiencia sin importar el dispositivo que estén utilizando, bien sea una computadora de escritorio, una tableta o un teléfono.

Diseño del Sitio Web

Nosotros no vamos a dedicar una gran cantidad de tiempo al diseño porque esto puede ser muy subjetivo. Lo que a nosotros nos gusta, usted puede odiarlo, y lo que usted odia, nosotros podríamos adorarlo. Nosotros nos vamos a enfocar en los elementos que pensamos son cruciales sin importar si usted piensa que su página debería ser morada o negra. Mientras usted esté trabajando en su página web, necesitará por lo menos una página de presentación para dar la bienvenida a los usuarios.

Muy Pronto: Página de Presentación
Lo primero que usted querrá hacer es colocar una página de "muy pronto". No estoy haciendo referencia a páginas que usted recuerda haber visto con barricadas intermitentes. Por lo menos usted quiere algo que le ayude a desarrollar el despliegue publicitario y lo más importante que comience a formar su lista de correos electrónicos. A continuación en la sección de mercadeo hablaremos en

más detalle sobre la selección de una empresa de mercadeo a través del correo electrónico y algunas de las opciones disponibles. Por ahora vamos a asumir que usted ya decidió sobre su proveedor de envío de correo electrónico. Esto no debe confundirse con su proveedor de correo electrónico interno de la empresa, sino la compañía que usted realmente utilizará para enviar boletines informativos, mensajes para impulsar las ventas o especiales.

Su objetivo principal para su página web de lanzamiento es coquetear con los visitantes con un poco de información y obtener direcciones de correo electrónico para el lanzamiento de su página web. Hay una gran cantidad de opciones para que usted fácilmente junte todo esto y la más grande que existe es LaunchRock. Ellos ofrecen una versión gratis o una de paga con diferentes características. Launch Rock le permite configurar con facilidad una página de lanzamiento para recolectar correos electrónicos. Usted querrá asegurarse de que está conectando su recopilación de correos electrónicos con su proveedor de correos electrónicos y Launch Rock le acompañará en este proceso con los grandes proveedores. Si usted está utilizando una solución alojada de carrito de compras como Shopify, ellos tienen construida una página de muy pronto que usted puede modificar de acuerdo con sus gustos y personalizar los colores, etc. Usted querrá añadir un enlace para que se registren en su lista de correos electrónicos y conectar eso a un enlace que obtendrá de su proveedor de correo electrónico.

La Página Web Real

Cuando esté realizando el diseño de su página web usted necesita recordar que debe mantener el enfoque en lo que es importante. Su meta final es hacer que su página web sea simple y fácil de usar. No puedo enfatizar la importancia de esto. Se sorprenderá de cuántas páginas web tienen problemas ejecutando esto. Usted quiere hacer un diseño con la intención de eliminar los obstáculos. Cuando alguien está listo para terminar y pagar, permítale hacer eso. A continuación hay una lista con algunos principios de diseño que nosotros consideramos importantes.

- La parte superior de cada página debería tener un enlace a su carrito de compras.
- Los botones deberían ser grandes y claros para leerse.
- Las casillas para ingresar información deberían ser grandes y resultar fácil ingresar su información
- Menos es más. No hable de más cuando no necesita hacerlo en las páginas de pago
- No solicite un registro completo de cuenta para hacer un pago.
- Repita su navegación al pie de la página web
- Asegúrese de que su logotipo en la parte superior de la página siempre haga el enlace a la página de inicio
- Utilice expresiones grandes donde usted pueda
- Si usted tiene un fondo oscuro utilice texto claro y viceversa

Obviamente hay cientos de otras cosas que se deben tomar en consideración desde el punto de vista estético pero esta es la lista de cosas que nosotros constantemente vemos en otras páginas web. Usted necesita asegurarse de atender estas simples situaciones y efectuar los ajustes pertinentes.

El diseño para móviles es algo que ha surgido en el último par de años y es algo que pienso que todos necesitan tomar en consideración en este momento. A lo que estoy haciendo referencia es al concepto de hacer que su página web sea receptiva.

¿Qué es ser Receptiva?

El diseño receptivo de página web personaliza la demostración de su página web para cada tipo de dispositivo. Por ejemplo, un iPhone recibirá una vista y un usuario de una computadora de escritorio en un monitor grande recibirá vistas diferentes que fueron mejoradas para un monitor grande. El diseño receptivo de página web no es una aplicación para móviles que usted tiene que descargar de una tienda de aplicaciones.

Las personas están utilizando sus teléfonos inteligentes con más frecuencia que sus computadoras de escritorio y si no se puede navegar con facilidad en su página web desde un teléfono, las personas se irán a otra parte. Si bien es difícil dar un número exacto de usuarios de teléfonos inteligentes, es muy claro que más y más usuarios están utilizando teléfonos inteligentes para el comercio y hacer compras en línea. Nosotros estamos apreciando que más del 50% de las ventas se están realizando en teléfonos inteligentes. Eso es un hecho que no debe ser ignorado y uno que usted debería considerar por adelantado. Si bien esto pudiera sonar complicado, no se asuste. Cuando esté construyendo su página web usted puede comprar temas receptivos. Yo recomiendo mucho que considere un tema receptivo. Va a convertir visitantes en compradores más fácilmente y ahorrará mucho tiempo y dolores de cabeza en el futuro cuando a la final usted se dé cuenta de que necesita uno.

Pagos En Línea

Usted tiene que decidir el tipo de página web que va a construir y la plataforma en la cual la va a operar. Además de la plataforma, usted va a aceptar pagos y necesitará decidir cómo va a hacer esto. Esta parte puede parecer intimidante y confusa pero no debería serlo.

Hay dos partes diferentes involucradas en la cobranza de pagos en línea. Hay un proveedor del portal y la compañía comercializadora. Usted necesita de ambas con la finalidad de cobrar los pagos en línea. Un portal de pagos es la compañía que realmente recibe la información de la tarjeta de crédito desde su página web. Ellos son la parte responsable de verificar que haya dinero en la tarjeta y que el cargo sea aceptado. Una vez que el cargo es aceptado, la compañía comercializadora es en realidad la que actúa como un banco. La compañía comercializadora maneja la transferencia de dinero desde la compañía de la tarjeta de crédito hacia su cuenta bancaria.

Convenientemente, en el último par de años han surgido nuevos proveedores que realmente actúan desempeñando ambas funciones, como compañía portal y como compañía comercializadora. Usted puede utilizar Stripe que es un sistema de pagos simplificado que actúa en ambos roles, como su compañía comercializadora y como proveedor del portal, y por su puesto PayPal. PayPal es ampliamente utilizado y confiable, y administra ambos pagos para usted. Usted pudiera pensar que el proceso de pago con PayPal luce poco profesional y esto pudiera ser verdad para la integración de algunas personas. De hecho PayPal ofrece varias soluciones que le permiten personalizar la experiencia de sus usuarios. Usted no tiene que utilizar la versión básica. Pero no la cambie con tanta rapidez. Un estudio reciente realizado por comScore demostró que los usuarios de PayPal tenían una tendencia de más del doble de completar sus compras y hacer el proceso de pago en comparación con otros compradores que utilizaban otros procesos y opciones de pago.

Dependiendo de la solución de comercio electrónico que usted escoja para administrar su página web, tendrá opciones diferentes. Las tasas tienen una ligera diferencia de un procesador a otro procesador y usted debe informarse bien en ese sentido ya que puede ahorrar algo de dinero. Nuestras recomendaciones son Authorize.net.

WordPress o la Solución Genérica de Carrito de Compras

Si usted está construyendo una página web en WordPress o en otra plataforma y escogió una solución de carrito de compras, entonces hay posibilidad de que se integre con Authorize.net. Auhtorize.net es el procesador de pagos en línea más grande y nosotros tenemos un enlace asociado aquí para que usted se registre. Haga clic aquí .Nosotros los hemos utilizado en media docena de nuestras páginas web. Hemos encontrado que son justos y honestos. Son un proveedor de portales y ellos le asignarán para su conveniencia una compañía comercializadora.

Generalmente las compañías comercializadoras que ellos envían son todas comparables, pero si usted tiene que decidir por su cuenta su compañía comercializadora debería notificarlo a Authorize. Nosotros usamos Merchant Focus y de hecho usted puede obtener un crédito de $50 si se registra en este enlace e ingresa este código promocional: **F91163D6**

Si usted se decide por Authorize.net o por otra compañía portal de enlace, ellos configurarán Visa y MasterCard a la salida del portal. American Express es una criatura diferente y usted necesitará contactar directamente a American Express para solicitar una cuenta de comerciante. American Express verificará su crédito y una vez haya sido aprobado le suministrará su número de comerciante. Usted suministrará este número a Authorize o a la compañía de portal de enlace de su preferencia para que de esta manera también pueda recibir American Express.

Además de Visa, MasterCard y American Express, yo pienso que ofrecer PayPal es una buena manera de incrementar sus compradores potenciales. Algunos informes demuestran que se logra un significativo aumento del 30% en las ventas cuando se añade la posibilidad de pagar con PayPal. Es una opción adicional que muchas personas buscan debido a la conveniencia y a las preocupaciones sobre seguridad. Recientemente, Google está ofreciendo Google Checkout (Pago en Línea) y Apple lanzó Apple Pay (Pago en Línea de Apple). Estas son dos noticias frescas y en mi opinión todavía es muy pronto para ver los beneficios de ellas. Usted también querrá evitar abarrotar su pago en línea con opciones que con frecuencia traen como resultado más indecisiones y el abandono del carrito de compras.

Finalmente, si se decidió por Shopify para su tienda de comercio electrónico, nosotros le recomendamos que utilice su sistema de pagos. Este utiliza Stripe pero es administrado directamente a través de Shopify. Yo recomiendo mucho este camino ya que le ahorra mucho tiempo y desesperación con la configuración de su propia cuenta y también administra la porción de American Express. Por medio de Shopify usted puede directamente conectarse para aceptar PayPal, Visa, MasterCard y American Express, todo en un solo proceso simplificado. Si aún no nos hemos explicado con claridad, queremos reiterar que Shopify es de lejos la manera más fácil de hacer el lanzamiento de su página web en línea si usted está construyendo una página web de comercio electrónico tradicional. Nosotros hemos utilizado y lanzado docenas de páginas web, todas con soluciones diferentes, desde Magento hasta integraciones de carritos de compras con desarrollos personalizados, y si usted está comenzando su primer emprendimiento no hay manera más fácil de hacerlo.

Vigilar el SEO en el Sitio (Search Engine Optimization, Optimización del Motor de Búsqueda, SEO por sus siglas en inglés)

Esto pudiera parecerle aburrido pero probablemente es una de las secciones más importantes de la que vamos a hablar sobre el éxito futuro de su compañía en línea. Los tiempos han cambiado y los esfuerzos de mercadeo de la vieja escuela son costosos, con frecuencia ineficientes e irrelevantes para los negocios de comercio electrónico.

¿Qué es SEO? SEO significa Optimización del Motor de Búsqueda, (Search Engine Optimization, SEO por sus siglas en inglés). SEO significa optimizar su página web tanto en la página como fuera de la página para asegurarse de que los motores de búsqueda puedan encontrarlo. Con suerte, en compensación, estos motores de búsqueda presentarán su página web a las personas cuando hagan la búsqueda de lo que usted está vendiendo. Desafortunadamente, con frecuencia esta optimización SEO se ve ensombrecida por el secreto y se le considera con escepticismo y duda. Yo estoy aquí para decirles que sí funciona y que no es tan mágico como la mayoría quisiera que usted creyera. Lo importante es que la optimización mejora su posicionamiento y los resultados en su página web al mostrarla más alta en la lista de los resultados de búsqueda.

Hay una correlación directa entre la cantidad de tráfico que usted recibe y su posicionamiento para los diferentes términos de búsqueda. El éxito de Google como motor de búsqueda se basa en su algoritmo que es muy resguardado y secreto. Google ha refinado su fórmula para determinar las páginas web más relevantes para cada búsqueda. Si bien Google no va a revelar exactamente cómo asignan un rango a las páginas web, ellos han suministrado mucha información y lineamientos. Aplicar estos lineamientos funciona y ayudará a su página web a aparecer más arriba que otros sitios cuando se realicen búsquedas en línea.

¿Qué es una palabra clave? Una palabra clave es una palabra o una sucesión de palabras que usted cree son relevantes para su página web. Por ejemplo, si usted vende corbatas de moño para hombres, una buena palabra clave sería "hombres corbata moño" o "corbata moño para hombres".

Palabras Claves

Nosotros mencionamos brevemente la palabra clave cuando hablamos sobre darle un nombre a su compañía. Con suerte su nombre o el nombre de dominio tienen algún parecido con su palabra clave ideal pero no tiene que necesariamente ser así. Su compañía de corbatas de moño pudiera llamarse Cosas de José y su nombre de dominio ser www.cosasdejose.com, pero ayudaría si se llamara www.corbatasdejose.com. Cuando piense sobre las palabras clave usted realmente debe pensar sobre cómo espera que lo encuentren. ¿Qué buscará su cliente particular cuando realice una búsqueda para encontrarlo? Las personas no van a buscar Cosas de José, y si lo hacen, usted sin discusión ya había obtenido a ese cliente. Nosotros queremos atraer clientes nuevos y esas personas probablemente están buscando corbatas de moño.

Haga una lista de palabras clave que usted cree que sus clientes potenciales estarán buscando. Asegúrese de no ser muy genérico. Usted no tiene mucha oportunidad de ser visto con la palabra "corbata". Ese es un término muy competitivo y no es uno en el que debería enfocarse. Generalmente, combinaciones de 3 palabras de palabras clave son más fáciles de encontrar y son menos competitivas. Una vez que tenga su lista de palabras clave es el momento de verificar su competencia.

Vamos a darle una mirada a una herramienta gratis que es parte de Google AdWords. Visitaremos Google AdWords en más detalle más adelante en este libro, pero en este punto vamos a concentrarnos en una pequeña porción del mismo. Google AdWords es la ubicación pagada de resultado de búsqueda que usted ve en la parte superior y en el costado de las búsquedas de Google. Esta publicidad en conjunto con su red de banners realmente representa el 96% de los ingresos de Google. Habrá mucho más sobre esto más adelante. Vamos a adelantarnos y registrarnos en una cuenta gratuita de Google AdWords.

Una vez que ya configuró su cuenta, usted puede ignorar todas las entradas para configurar una campaña y los avisos publicitarios. Nos ocuparemos de eso más adelante. Lo que queremos hacer es avanzar hasta la herramienta llamada Planificador de Palabra Clave (Keyword Planner). En el momento en que este libro fue escrito, Keyword Planner está ubicada en el menú de herramientas en la parte superior de la pantalla. Ellos tienen la tendencia de cambiar esto con mucha frecuencia. Desde el planificador de palabras clave usted va a ingresar cada una de sus palabras clave de la lista que había creado en el paso anterior. Esta herramienta es increíblemente poderosa y realmente le muestra la cantidad de veces que las personas buscan su frase exacta de palabras clave. Es desglosada para mostrar las búsquedas mensuales tanto nacionales como a nivel mundial. Asegúrese de hacer clic sobre la pestaña de "ideas de palabra clave" cuando usted haga su búsqueda y no sobre la pestaña de "añadir grupo de ideas". Ideas de palabra clave muestra las palabras clave reales que las personas realmente están buscando.

Usted verá un par de cosas. Lo primero que usted querrá ver es el volumen mensual de búsqueda. ¿Están las personas buscando por su frase de palabras clave? ¿Cuántas veces? ¿Es eso suficiente? Lo próximo que usted querrá ver es la competencia. Usted realmente querrá considerar las palabras clave de competencia media o baja. Finalmente, usted querrá ver cuál es la cantidad en dólares que muestra Google como la oferta sugerida. En este punto no vamos a pagar dinero alguno pero esto le da una idea de lo que su competencia está dispuesta a pagar. Esto muestra lo que ellos pagarán por cada clic a través de su página web por esta palabra clave en particular. Usted puede tener una idea de cuán costosa es la competencia. Mientras menos competencia, menor será el costo por competir.

Lo que finalmente usted está buscando es una frase de palabras clave con un alto volumen de búsqueda en conjunto con una competencia baja y bajos costos de oferta. Una vez que ha revisado su lista, probablemente la ha perfeccionado hasta uno o dos ganadores. Va a haber cosas en las cuales usted querrá centrar su optimización. Para nuestro ejemplo nos vamos a centrar en "hombres corbatas moños".

Ahora que ya ha decidido sobre las palabras clave generalizadas para todo el tema de su página web, usted querrá comenzar a construir su página web y su contenido alrededor de esta palabra clave. Esto significa que usted querrá nombrar su página web "Corbatas de José - Corbatas de Moño para Hombres" y utilizar la frase hombres moños corbatas con frecuencia y estratégicamente a través de toda su página web. Cada página de su página web debería tener esta frase de palabras clave una o dos veces en la página. Su pie de página o el mensaje del derecho de autor debería ser © 2015 Corbatas de José | Hombres Moños Corbatas. Cuando escriba sobre su compañía o sobre sus productos debería reiterar la frase exacta hombres moños corbatas además del nombre de su compañía. Piense en eso como un eslogan o una mayor aclaración para el lector y lo que es más importante es que es relevante para Google. Usted está haciendo un esfuerzo para que su página web sea considerada muy relevante para la búsqueda del término específico Hombres Moños Corbatas sin hacer que luzca extraño.

En este momento ha definido su palabra clave en general para su página web. Además de la frase de palabra clave principal usted va a tener muchas otras frases de palabras clave en las que se va a enfocar para las sub-páginas de su página web. Por ejemplo. Digamos que usted ofrece Corbatas de Moño para Hombres de Gucci como una de sus opciones. Muy probablemente usted tendrá una página dedicada a sus corbatas de Gucci. En esta página usted se asegurará de utilizar esa frase de palabras clave específicas. Debe tener encabezados que utilicen esa frase exacta en la página y escríbala en su contenido en esta página. Resalte en negritas el término donde sea posible.

Estas frases de palabras clave en las sub-páginas son muy importantes para lo que nosotros denominamos como palabras clave de cola larga ó "long tail" en inglés. Las palabras clave de cola larga son búsquedas más detalladas que las personas hacen con 4 o más palabras en su búsqueda. Idealmente, sus subpáginas se mostrarán en los resultados de búsqueda. Esto le brinda puntos alternativos de entrada para su página web para las personas que hacen búsquedas en Internet. Si bien su página de inicio pudiera no estar optimizada para Gucci Moños Corbatas, usted querrá que una página específica se encuentre optimizada para ello y tener la esperanza de que sea mostrada con ese término de búsqueda.

Contenido

Usted puede haber escuchado antes la expresión el contenido es el rey. No puedo recalcar lo cierto que esto es. El contenido realmente es el rey. Google es como una esponja gigante que busca absorber su contenido único para luego proporcionarlo de vuelta a las personas que realizan una búsqueda. Lo fundamental para proporcionar un buen contenido, además de ser informativo, es asegurarse de que este sea relevante y único.

Usted debe escribir contenido único. Google explora Internet las 24 horas del día en la búsqueda de información para asegurarse de que tienen los resultados de búsqueda más completos. Cuando consigue algún contenido, lo revisa. Si lo considera único, lo clasifica o indexa. Clasificar o indexar significa que lo añade a sus resultados de búsqueda. Si este no es único, simplemente pasa sobre la información asumiendo que ya había sido clasificada de otra página web. Y no clasificará esas páginas ni las mostrará en los resultados.

Mientras más contenido usted tenga, más probabilidad tendrá de ser clasificado o incluido en la búsqueda de Google. El contenido en su página web es un ejemplo donde es valioso contar toda la historia. No sienta temor de escribir una descripción detallada del producto o información detallada del origen de la compañía o de su oferta. Sin importar sobre lo que usted esté escribiendo siempre debería ser prolijo. Cuando esté escribiendo este contenido asegúrese de utilizar las palabras clave para la página específica sobre la cual está escribiendo. En este caso menos no es más. Usted querrá contar toda la historia de amor.

De regreso a nuestro ejemplo sobre su página de Corbatas de Moño de Gucci. En esta página usted debería estar hablando sobre "Cómo su oferta en Corbatas de Moño de Gucci es de calidad superior en comparación con otras corbatas de moño para hombres". En esta oración en específico fuimos capaces de trabajar en nuestra frase de palabras clave de la página en general además de la frase de palabras clave de la página específica.

Un buen criterio generalizado es que usted haga que su frase de palabras clave aparezca en más del 1% de las palabras en la página. Si usted está escribiendo un resumen que tiene 500 palabras, entonces debería mencionar su frase de palabras clave por lo menos en 5 oportunidades. Adicionalmente, por regla general a "grosso modo", una buena y sólida página debe por lo menos tener 300 palabras. No todas las páginas pueden tener esta gran cantidad de contenido pero un blog o la página sobre nosotros debería presentar un mínimo de 300 palabras. Mientras más larga mejor.

Imágenes

Con frecuencia las imágenes son una oportunidad que se descuida para añadir relevancia a los motores de búsqueda y brinda tráfico adicional a su página web. Todas las imágenes en su página web, sin importar dónde están siendo utilizadas, deberían ser guardadas con nombres relevantes. A lo que estoy haciendo referencia es al nombre real de la imagen. Por ejemplo, la imagen que usted tiene en su computadora actualmente se llama DSC059648.jpg pero no sirve de nada si se añade a su página web tal como está.

Usted debería renombrar esta imagen con términos con los cuales se relacione. Asuma que esta imagen era de una corbata de moño de Gucci. Usted debería nombrar el archivo

gucci-moño-corbata-rojo-y-verde.jpg

Coloque guiones entre las palabras e incluya la marca o los detalles sobre el producto. Google así como también Bing y otros muestran imágenes en muchos de sus resultados de búsqueda como el que se muestra a continuación.

Neck Ties - Bow Ties - Pocket Square - Cummerbunds

Gucci - bow ties
www.gucci.com/us/category/m/ties/bow_ties ▾ Gucci ▾
silk bow tie; dot patterned silk bow tie; silk bow tie, black satin bow tie. 2,. striped
woven silk wool bow tie; patterned woven silk bow tie. 3.. parasol patterned silk ...

Images for **gucci bow tie**   Report images

More images for **gucci bow tie**

Gucci Tuxedo **Bow Tie** - Neiman Marcus
www.neimanmarcus.com/Gucci-Tuxedo-Bow-Tie/.../p.pr... ▾ Neiman Marcus ▾
Free shipping and free returns always on Gucci Tuxedo Bow Tie at Neiman Marcus.
Shop the latest selection of top designer fashion at Neiman Marcus.

Las imágenes mostradas anteriormente de hecho son publicidad gratuita. Usted no está pagando nada por los clics sobre esas imágenes a diferencia de la colocación de productos sobre la derecha o los avisos a lo largo de la parte superior. Esas imágenes se muestran allí porque ellas tienen el nombre apropiado y Google entonces decide que son relevantes. Lo bonito es que estas imágenes son enlaces directos a su página web. Esta es la manera más fácil de obtener tráfico gratis adicional.

Sin embargo, esto no termina allí. Si bien Google busca el nombre real del archivo, también busca la etiqueta ALT (alternativa). Las etiquetas ALT son las palabras que describen una imagen que usted puede ver si la imagen falla en la carga o si la carga es lenta. En algunas oportunidades usted verá los mensajes alternativos en su lugar mientras que la imagen completa termina de cargar.

Estas etiquetas ALT son fáciles de editar a través de WordPress o Shopify o casi todas las grandes plataformas de comercio electrónico que usted utilizará. Haga que las etiquetas ALT sean relevantes para la página en la cual las está incluyendo. Utilice la misma frase de palabras clave. "Corbata de Moño Gucci Rojo y Verde". Todos estos factores añaden relevancia en la mente de Google para reforzar el argumento de que su página es relevante para las búsquedas de las personas.

Cuando reúna las imágenes de sus productos para ser utilizadas en la página web, yo creo firmemente que la consistencia puede diferenciarlo de sus competidores. A mí no me gusta la apariencia descuidada de imágenes con tamaños diferentes con fondos diferentes. Usted puede no ser un mago del Photoshop pero hay una cantidad de herramientas simples de edición de imágenes en línea así como también incorporadas en muchas de las plataformas de comercio electrónico en línea.

Si usted no quiere preocuparse por hacer la edición de las fotografías usted mismo, yo le recomendaría un servicio llamado Remove the Background. Remove the Background hace exactamente eso que dice (eliminar el fondo). Usted carga sus imágenes y define las dimensiones específicas en que usted quiere que le devuelvan la imagen y cuánto relleno le gustaría tener alrededor de la imagen. Por aproximadamente $1.25 cada imagen, ellos le devolverán sus imágenes en un par de días sin el fondo y con el tamaño perfecto y recortada como sus otras imágenes. Es un buen servicio que le puede ahorrar mucho tiempo y le ayuda a sobresalir entre las otras páginas web que lucen menos profesionales.

Meta Etiquetas

Las meta etiquetas hacen referencia a los artículos que aparecen en el código pero que no necesariamente son visibles para el usuario cuando estos se encuentran en su página. En el inicio del Internet usted podía utilizar las etiquetas llamadas meta-palabras clave y cargarlas con las palabras clave con las que usted quería que su página fuera encontrada en la búsqueda. Los motores de búsqueda utilizarían esta información para clasificar y mostrar su página web.

Las personas comenzaron a jugar con este sistema y añadían grandes cantidades de palabras clave y algunas que no eran relevantes para su contenido. No es necesario decir que las meta-palabras-clave ya dejaron de existir. Ellas ya no son utilizadas por la mayoría de los motores de búsqueda y son innecesarias. Hoy en día, los motores de búsqueda son capaces de leer el contenido de su página web y automáticamente definir la relevancia de las palabras clave y la lista de frecuencia en la cual aparecen las palabras clave para generar una lista de palabras clave más precisa de su página web.

Si bien a las meta-palabras clave no se le da prioridad alguna, la meta descripción es una excepción. La meta descripción es el resumen que aparece abajo de cualquier enlace en Google. Haciendo referencia a la imagen anterior y viendo el último resultado de búsqueda que es Neiman Marcus, la meta descripción es "envío gratis y devolución gratis siempre en Gucci Corbata de Moño para Esmoquin". Note cómo ellos estratégicamente incluyeron la misma frase de palabras clave en la descripción.

Usted querrá escribir una descripción única para cada página. Muchas páginas web completarán automáticamente su meta descripción con el primer par de oraciones que se encuentran en su página. No sea flojo. Reemplácelas con un resumen único que no tenga más de 160 caracteres. Asegúrese de utilizar la frase de palabras clave que se pretende utilizar en su descripción. No haga corte y pega de la descripción desde el contenido que usted ya había escrito en su página web.

Si usted se mantiene concentrado en hacer que sus páginas estén llenas de contenido y en utilizar las palabras clave relevantes, las etiquetas de las imágenes, los encabezados, los títulos y las descripciones, usted ha allanado el camino para la optimización del motor de búsqueda en la página. Esto es tan importante como el mercadeo futuro y las técnicas de SEO fuera de la página web que discutiremos más adelante.

Lanzamiento

Una parte que con frecuencia se descuida, en el proceso de oficialmente abrir su negocio es el evento de apertura en sí mismo. Habrá muchas oportunidades para hacer eventos de actualización en el futuro. Usted luchará para obtener noticias que contar a las personas, pero por qué luchar cuando realmente es algo sobre lo cual conversar. Hacer el lanzamiento es un gran paso y algo de lo que ustedes deberían estar orgullosos y sobre lo que le querrán contar a todos.

El primer paso en el lanzamiento es definir la fecha. Usted debe marcar una fecha tope en su calendario y mantener esa fecha. Sin una fecha de lanzamiento planificada, el tiempo pasará y usted encontrará un sin número de razones para retrasar el lanzamiento de su página web. Usted necesita aceptar el hecho de que todo no va a salir perfecto.

No existe eso que llaman la perfección y su página web siempre estará cambiando. Su trabajo y su progreso no se detienen después del lanzamiento. Es justo lo opuesto. De hecho su trabajo realmente comienza con el lanzamiento. Usted estará cambiando el contenido, haciendo actualizaciones, revisando los despliegues, etc., etc. Usted solo tiene una oportunidad de hacer una buena primera impresión para sus amigos y familiares, sin embargo, siempre llega el momento en que usted debe hacer el lanzamiento. Si no se siente cómodo, eso es normal. Usted ha invertido incontables horas y trabajo en llegar a este punto y no sabe cómo va a ser recibido. Pero no permita que esto le impida avanzar. Ya llegó el LANZAMIENTO...

"Cómo hago el lanzamiento de forma efectiva", se pregunta. Vamos a discutir esto en profundidad. Uno de los primeros pasos para comenzar su negocio que está incluido en nuestra lista de cosas por hacer era reunir una lista de todas las personas que usted conoce. Esto finalmente va a ser una lista de direcciones de correo electrónico. Esta es su única oportunidad para llegar a esas personas casuales con las cuales no ha conversado en años. Reúna todas estas listas. Vaya a su vieja cuenta de AOL y reúna a los viejos y buenos. Usted también debería haber estado recolectando direcciones de correo electrónico desde su página de aterrizaje que había enviado a las personas mientras hacía la construcción de su página web completa. Todos estos deberían ser añadidos a su software de correo electrónico a la espera de su día de lanzamiento.

Si bien su página de aterrizaje debería ayudarle a desarrollar su despliegue publicitario, usted también necesita comenzar a enviarlo a las páginas web de su red social, un mes o dos antes de su lanzamiento. Pero espere, usted dice, "yo no tengo páginas web de red social o incluso no tengo idea sobre qué me está hablando". No hay problema. Es el momento de convertirse en social. Si bien usted pudo haber ignorado a los medios sociales con anterioridad, es el momento de adoptarlos. Tuitear ya no es solo para los pajaritos. Discutiremos sobre cada uno de los diferentes sitios sociales más adelante en el libro pero por ahora vamos a asumir que usted por lo menos tiene una cuenta de Facebook. Si usted no la tiene, es el momento de registrar una. Sucumba al poder de Facebook y vea como tiene un alcance increíble.

Comenzando aproximadamente un mes antes de su lanzamiento, usted debería publicar algunas imágenes de "viene pronto" y un mensaje breve sobre el producto o servicio en el que está trabajando. Usted no querrá decir mucho al respecto. La intriga ayuda a generar el despliegue publicitario. "Ya viene. Espérela" o "Nombre de la Compañía - Próximamente..." Usted quiere atraerlos pero no decirles todo. Haga el enlace a su página de aterrizaje y aliente a todos a registrarse para ser notificado y recibir una oferta especial cuando haga el lanzamiento. Haga esto un par de veces pero no con mucha frecuencia porque podría fastidiar a las personas. Durante este tiempo usted también debería ser amigable con todo el mundo. El estilista canino del amigo de su hermana. Perfecto. Solicitud de amistad enviada. El jefe de su cuñado. Perfecto. Solicitud de amistad enviada.

Durante este tiempo usted trabajará en generar un envío masivo de correo electrónicos anunciando el lanzamiento. Usted querrá hacer algo que sea pegajoso y que luzca profesional. La mayoría de los proveedores de correo electrónico tienen plantillas ya preparadas que hacen un muy buen trabajo en la administración de las cosas básicas pero probablemente usted querrá una imagen personalizada para incluir en su lanzamiento inicial. Esto es algo que usted debería considerar al utilizar Fiverr o

Canva. Fiverr es la página web sobre la cual conversamos cuando tratamos el diseño de su logotipo.

La otra alternativa es un programa basado en la web llamado Canva. Canva ayuda a un principiante a cargar una imagen o a utilizar sus fotografías almacenadas por $1 y a decorar sus imágenes con una apariencia profesional. Esta es una herramienta maravillosa para crear sus propias imágenes con calidad profesional. Usted no necesita saber cómo utilizar Photoshop o un programa de diseño gráfico avanzado. Toma algo de tiempo acostumbrarse pero le puede ahorrar mucho dinero. Cuando haga su imagen de correo electrónico haga versiones pequeñas para utilizarlas también en sus páginas sociales.

Finalmente, antes del lanzamiento usted querrá crear un código de cupón especial. Este código de cupón es para amigos y familiares (o para cualquiera que esté interesado para ser honesto). Usted va a ofrecer su código de cupón de apertura u obsequio gratis durante una cantidad de tiempo establecido y posiblemente incluso para una cantidad de personas. Las personas siguen algunas señales sociales básicas y es importante tocar esas cuerdas emocionales. Usted debe mostrar escasez y urgencia. Una oferta con fecha de vencimiento con una oferta exclusiva solo para amigos y familiares hace justo eso.

El momento ya llegó y usted está listo para abrir su tienda. Usted ha fijado el día y lo publicó un par de veces en los medios sociales para construir un despliegue publicitario.

Reunió una lista de correos electrónicos con todas las personas en las que puede pensar. Se aseguró de que su día de lanzamiento no sea en un largo fin de semana feriado y que las personas estén disponibles. Usted hizo algunos gráficos de lanzamiento inicial y se envió la campaña por correo electrónico. Usted leyó toda su página web buscando posibles errores de gramática y ya llegó el momento. Abra su página web y vamos a hacer esto.

Envíe su campaña de correo electrónico en las primeras horas del día de su lanzamiento. La mayoría de las personas leen sus correos electrónicos temprano en la mañana y usted quiere ser incluido en esa oportunidad. Segundo, usted necesita hacer publicaciones a todas sus redes sociales. Instagram, Twitter, Facebook, etc., etc. Nosotros vamos a discutir esto en mayor profundidad más adelante pero ahorita es el momento de hacer la publicación. Comparta el descuento para sus amigos y familiares. Usted debe hacer que el correo electrónico para sus amigos y familiares sea personalizado y pedirles que lo compartan con cualquier persona que quieran. Mientras haya más, mucho mejor. No se preocupe por ofrecer el descuento a muchas personas. 100% de $0 es cero y usted no quiere eso. Es mejor hacer ventas y salir sin ganar ni perder solo para hacer que su nombre y su página web sean dadas a conocer. En este punto usted tomará cualquier cosa que pueda tomar.

Herramientas Económicas para Verse Grandes

Cuando el Internet y el comercio en línea estaban comenzando, el costo de comenzar una nueva compañía era elevado. Usted tenía que contratar a una compañía de desarrollo web o quizás a un trabajador independiente y finalmente terminar con una solución aceptable pero que probablemente carecía de la mayoría de las funcionalidades que usted estaba buscando.

15 años después, las cosas han evolucionado. La velocidad de Internet ha aumentado muchísimo y miles de nuevas compañías han florecido y evolucionado para ofrecer servicios muy buscados para micro nichos relacionados con las ventas en línea. Estas herramientas le permiten a usted fácilmente hacer cosas que en el pasado hubieran tomado semanas y requerido de miles de dólares. Hoy día usted tiene la capacidad de competir con grandes compañías al utilizar herramientas similares por una fracción del costo.

Nosotros mencionamos muchos de estos servicios a lo largo del libro pero hemos conformado una lista a continuación para organizarlos para usted en un solo sitio. Para obtener una lista simple con links a 50 recursos incluido este libro, visite el siguiente enlace:

http://longlivetheinternet.com/book-gift.

Hemos elaborado un simple archivo que puede descargar a su computadora con enlaces a todos estos recursos.

Algunos de estos servicios son mejores que otros pero esta es una lista de todos los servicios que nosotros hemos utilizado personalmente y sobre los cuales podemos opinar. Ellos le ayudan a que su vida sea más sencilla y cubren necesidades muy específicas. Declaración de limitación de responsabilidad completa, algunos de estos enlaces son enlaces afiliados y puede ser que nosotros recibamos un dólar o dos si usted hace clic sobre el enlace y se registra con ellos. Nosotros lo apreciaremos mucho.

Nombre de Dominio
GoDaddy - Una de las opciones más económica y fácil de utilizar. GoDaddy es donde usted registrará su nombre de dominio. SUPAGINAWEB.COM

Logotipo
99Designs - Esta página web le permite realizar un mini concurso para el diseño de su logotipo. Cientos de personas presentan su concepto de logotipo en base a sus instrucciones y usted finalmente escoge y selecciona a un ganador.

Pixellogo - Ofrece miles de bellos logotipos entre los cuales escoger, usted obtiene un archivo en bruto y puede fácilmente modificarlo para incluir su nombre y sus necesidades y el costo es de aproximadamente entre $30 y $40.

Fivver - Una página web donde miles de personas de todas partes del mundo están deseosas de realizar tareas tales como el diseño de un logotipo hasta una producción de video por $5. Esta es una fuente de tesoros de recursos.

Contratos
Legal Zoom - Si usted está buscando un texto modelo de acuerdos legales entonces puede confiar que aquí puede obtenerlos. Desde acuerdos de compra estándar hasta documentos de sociedades, Legal Zoom ofrece una solución simple para los contratos. Ahorre cientos de dólares en honorarios legales.

Servidor de Internet (Hosting)
BlueHost - Es una de las soluciones de servidor de Internet confiable más económica para una página web de WordPress u otras páginas web básicas que usted pudiera hospedar. Fácilmente puede hospedar una página web de WordPress por $5 mensuales.
Host Gator - Otra solución de hospedaje económica que es amigable con los usuarios y orientada a la atención al cliente.

Correo Electrónico
Google Apps - Es el conjunto de aplicaciones disponible más poderoso de correo electrónico y de negocios en línea. Con un costo de $5 mensuales por usuario, usted no podrá encontrar una mejor solución.

GoDaddy - Cuando compre su nombre de dominio usted puede decidir también obtener su correo electrónico a través de GoDaddy. Es inferior que Google Apps pero puede hacer que su configuración sea un paso más fácil.

Faxes

eFax - Es el líder en el espacio, eFax le permite configurar un número de fax y recibir todos sus faxes como archivos pdf escaneados en su buzón de entrada del correo electrónico. Usted también puede enviar faxes mediante el envío de los archivos adjuntos por correo electrónico a una dirección de correo electrónico.

Administración de Tareas

Trello - Esta solución en línea es gratis y le permite crear pizarras para la organización de sus tareas diarias y de sus proyectos.

Basecamp - Esta es una solución más involucrada con la administración de proyectos y realmente diseñada para que las compañías coordinen con otras compañías, pero es una solución sólida si usted está administrando grandes equipos de personas.

Plataformas de Comercio Electrónico

Shopify - Nuestra plataforma de comercio electrónico por elección por sus capacidades fáciles y personalizadas y es un sistema ecológico de terceros con complementos útiles. Esta es nuestra recomendación para usted.

Volusion - Esta es una solución más costosa que nosotros pensamos no es amigable con el usuario para los principiantes, pero tiene un gran seguimiento y es una solución viable que miles de usuarios adoran.

Square Space - Esta es una solución bella con páginas que lucen sexy pero la optimización de los motores de búsqueda no es su fortaleza. Aquí no están disponibles la mayoría de las cosas que usted debería poder hacer para hacer su página web más visible.

Imágenes

Canva - Esta le permite ser un diseñador gráfico mediante la utilización de plantillas prediseñadas y diseños gráficos. Es gratis si usted no paga por sus fotografías almacenadas y es una herramienta increíble para hacer que su página web y las imágenes que se comparten en las redes sociales se vean profesionales.

Flickr - Es propiedad de Yahoo y es el depósito de millones de imágenes en línea. Usted puede buscar imágenes almacenadas que tenga permitido utilizar comercialmente y gratis.

Unsplash - Esta página publica una imagen diaria de bellas tomas de escenarios que son libres de derechos de autor y que usted puede utilizar en su publicidad o en el diseño de su página web. No tiene la profundidad de Flickr y usted no puede buscar las imágenes pero ellos tienen bellas tomas.

Favicon Generator - Un favicon es una pequeña imagen que se muestra en la parte superior del navegador cuando usted está en su página web. Es un ícono muy pequeñito. Esta página web le permite cargar su logotipo o la imagen de su preferencia y convertirla en un favicon para que usted pueda cargarla en su página web para reemplazar la imagen predeterminada.

Tiny PNG - Esta página le permite cargar cualquiera de sus archivos png de forma gratuita y comprime su tamaño para mejorar el tiempo de carga de su página web. Esta reduce el tamaño de su imagen png en alrededor de 30%

en promedio sin disminuir la calidad de la fotografía. Es mágico.

Mercadeo por Correo Electrónico

Mailchimp - Es nuestra opción para publicidad por correo electrónico y conformación de listas para principiantes. Las simples herramientas de arrastre y colocación y el diseño fácil y limpio lo hace nuestra opción para los principiantes.

Constant Contact - Es el líder en el espacio, Constant Contact ofrece todas las mismas características que Mailchimp y es igual de confiable. Solo que no es tan amigable con el usuario desde la perspectiva de la interfaz con el usuario.

AWeber - Esta es nuestra opción si usted está construyendo su propia página web y el hospedaje es afuera en una de las plataformas de comercio electrónico disponibles. Son muy confiables y cuentan con una herramienta increíble de campaña gota a gota por correo electrónico.

Teléfono

Google Voice - Una solución gratuita para obtener un número comercial para direccionarlo a su teléfono y también para transcribir sus mensajes de voz en un correo electrónico.

Grasshopper - Este es un sistema telefónico fácil de utilizar que le permite configurar un ramal de teléfonos y reenviarlos a múltiples teléfonos y a varias personas. Es un sistema telefónico simple de auto servicio que le permite verse como una compañía grande y no es costoso.

RingCentral - Esta es otra opción y es la competencia de Grasshopper. Ellos tienen una buena aplicación que viene con sus planes que le permite hacer llamadas salientes desde su nuevo número de teléfono personalizado así que usted puede llamar desde su número 800 etc.

One Box - Este es similar tanto a Grasshopper como a Ring Central y muy fácil de utilizar. Poseída por la misma compañía que eFax, ofrece muchas de las mismas características que los otros dos servicios telefónicos. Nosotros hemos utilizado todos estos servicios y se parecen mucho pero cada uno ofrece números de teléfono diferentes. Si usted está buscando un código de área en particular usted pudiera necesitar verificar con cada una.

Firmas Electrónicas

Sign In Blue - Declaración de Limitación de Responsabilidad Completa, nosotros construimos Sign In Blue así que aquí estamos parcializados. Yo les diré por adelantado que esta no es la solución más robusta en el mercado y si usted es un usuario súper avanzado, hay otras opciones en el mercado. Sin embargo, si usted está buscando una solución de firma electrónica, simple y fácil de utilizar, eso es lo que Sign In Blue le puede ofrecer.

Almacenamiento

Dropbox - La única mejor recomendación que le podemos dar es registrar ya una cuenta de Dropbox. Es gratis y es increíble. Sin llegar a ser muy técnico, Dropbox le permite tener una carpeta en su computadora que automáticamente es respaldada en Internet y estará disponible en línea en su cuenta y en cualquier otra computadora donde usted la instale. Por ejemplo, usted tiene una carpeta de imágenes en su computadora. Simplemente arrastrando las nuevas carpetas a esa carpeta, la subirá a Internet y las descargará a las otras computadoras que usted tenga. Nunca más tema perder archivos y usted será capaz de compartir fácilmente los archivos entre computadoras.

Box.com - No es tan amigable como Dropbox, pero box.com es un poco más corporativo en naturaleza. Trabaja de manera similar que Dropbox aunque no sin tanto esfuerzo pero le permite establecer más restricciones en los archivos que se comparten. Usted puede compartir archivos con los compañeros de trabajo y colocar fechas de vencimiento y hacer seguimiento a las descargas de los archivos. Es una solución más complicada que Dropbox pero si usted está en una operación más grande, pudiera tener mucho sentido. Sin embargo, no es económica.

Google Drive - Parte de las Google Apps, de hecho brinda espacio de almacenamiento dentro del ecosistema de Google. Si usted tiene una cuenta de Gmail podrá guardar sus archivos adjuntos directamente en Google Drive. Desde esa perspectiva es conveniente, pero en nuestra opinión no es competencia para Dropbox.

Análisis de Tráfico

Webmaster Tools - Una de las herramientas más importantes para asegurarse de que su página web está configurada adecuadamente y trabajando lo mejor posible para los motores de búsqueda es Google Webmaster Tools. Esta herramienta gratuita de Google proporciona una visión interna de qué páginas web se están enlazado con su página web, qué páginas de su página web están clasificadas por la búsqueda de Google y cómo puede usted mejorar su página para satisfacer a Google.

Google Analytics - Probablemente esta es nuestra herramienta que recibe mayores visitas y una que todos los sitios en línea deberían estar utilizando. Google Analytics también es gratuita y es una herramienta increíblemente poderosa de análisis de tráfico. Entre otros cientos de puntos estadísticos usted tendrá acceso a estos tipos de puntos de información. Número de visitas, páginas de referencia y tiempo de permanencia en cada página, desglose geográfico de las páginas de los visitantes, páginas de entrada y páginas de salida, conversión en ventas y cómo ellos llegaron a su página, tasa de rebote, número de páginas vistas, frecuencia de visitas y estadísticas de las personas en su página en cualquier momento y qué están viendo en tiempo real (escalofriante). Es sorprendente y gratuito.

SEO

Moz - Si usted está buscando una herramienta de optimización de motor de búsqueda más avanzado entonces Moz es uno de los líderes en este espacio. Ellos tienen un blog gratuito increíble que está repleto de artículos educativos sobre SEO. Su servicio no es económico pero le permite monitorear y hacer seguimiento al progreso de sus rangos para una palabra clave particular semana tras semana. Si usted está impulsando un SEO formal para un término particular pudiera tener sentido que haga la prueba con Moz. Ellos también ofrecen una grandiosa herramienta gratuita llamada Open Site Explorer que le permite buscar los vínculos externos de respaldo o enlaces de retroceso (backlinks) de las páginas de sus competidores para observar dónde pudiera haber una oportunidad para que usted también obtenga esos enlaces.

Ahrefs - Es la competencia de Moz, Ahrefs ofrece un producto similar a Moz que es muy poderoso para hacer el seguimiento del progreso de sus campañas de motor de búsqueda. Yo encuentro que el verificador de vínculo de retroceso (backlink) y los informes son más precisos y más detallados en Ahrefs, pero aparte de ello son soluciones competitivas.

Automatización del Mercadeo por Correo Electrónico
GetDrip - Esta es una herramienta grandiosa para fácilmente añadir una ventana emergente (popup) a su página web y hacer que las personas elijan una secuencia de correos electrónicos cronometrados. Si bien usted puede implementar esto usted mismo con su cuenta de MailChimp o su Constant Contact o Aweber, GetDrip ha sido diseñado específicamente para este propósito. Ellos realmente le ayudarán a diseñar su campaña de correo electrónico y a configurar la ventana emergente (popup) de su página web. Un hecho interesante es que después de haber probado miles de llamados a la acción, ellos determinaron que añadir un curso rápido al final de su título tiene una tasa de elección sustancialmente mayor. Ejemplo, 7-días Seguimiento en GPS Curso Rápido.

Publicidad

AdWords - El secreto detrás de los montones de efectivo de Google, AdWords le permite hacer ofertas para que su página web se muestre en sus resultados de búsqueda con base en lo que los usuarios están buscando. Si usted no puede posicionarse orgánicamente con los términos que usted quiere mostrar entonces usted puede pagar para ello. ¿Cuánto está usted dispuesto a pagar por cada clic a través de su página web? Una herramienta publicitaria increíblemente poderosa para su página web que le permitirá concentrar en detalle los dólares invertidos en publicidad en las personas que muestran un interés en las palabras clave específicas que usted definió. Es de auto servicio y puede requerir de algún tiempo para su configuración pero vale la pena.

Bing Ads - Una total imitación de Google AdWords, Bing también ofrece una herramienta de costo por clic. Su pago por resultado de búsqueda de palabra clave también alimenta a Yahoo y en algunas oportunidades usted puede obtener un cpc más barato que con Google. La buena noticia con Bing es que una vez que usted ha refinado y configurado su campaña de AdWords, usted puede fácilmente exportar la configuración e importarla a su nueva campaña en Bing.

Facebook Ads - Una de las plataformas publicitarias más novedosas, Facebook continúa refinando sus capacidades publicitarias pero con su última actualización usted es capaz de concentrarse en sus avisos y definir dónde, a quién y cuánto está usted dispuesto a pagar por sus avisos publicitarios. Similar a AdWords usted no tiene que pagar si no hacen clic sobre su aviso. La incorporación de tramos de ingresos y el interés de Facebook en llegar a las personas lo convierte en una herramienta poderosa para captar clientes potenciales.

Amazon Ads- Ya es la mayor tienda al menudeo en línea, Amazon no quiere dejar a ninguna piedra sin atender. Además de potencialmente vender sus productos en línea en Amazon, ellos ofrecen una plataforma publicitaria para mostrar sus productos en las búsquedas donde ellos no tengan un producto equivalente dentro de su amplio catálogo. Siendo honestos no tenemos mucha experiencia en esta vía particular de publicidad, pero yo pienso que sustancialmente hay un potencial de atraer algunos clientes con algunas ofertas más oscuras por un costo relativamente más barato de adquisición. Vale la pena darle una mirada más detallada.

Yahoo Ads - Todavía es uno de los proveedores de contenido en línea más grandes, Yahoo tiene una cantidad increíble de tráfico en su página web. Si bien ellos tienen un acuerdo con Bing para enfatizar sus resultados de búsqueda de palabras clave, ellos han realizado una separación activa durante el año pasado para incrementar el flujo de ingresos de la compañía a través de plataformas publicitarias de negocios pequeños. Ha estado fluyendo principalmente fuera del radar pero usted realmente puede obtener un poco de exposición económica a través del programa de publicidad Gemini en las noticias de Yahoo. Usted no tiene que pagar por los impactos y también puede pagar solo por el desempeño. Se sorprendería de la cantidad de exposición que puede obtener con un presupuesto pequeño. Yo le recomendaría que experimente con Yahoo.

Pinterest - Una de las últimas plataformas en lanzar publicidad para negocios pequeños es Pinterest. Si bien actualmente ellos están alardeando sobre un Pin Promocional como una característica que solo funciona con una invitación secreta, cualquiera puede registrarse. Básicamente, usted paga por la cantidad que está dispuesto a pagar cuando alguien hace clic sobre uno de sus pins que lo conduce hacia su página web. Este es un descuento grandioso para la publicidad. Usted solo paga por clic y no por los pins o los me gusta o las vistas. Además, cuando alguien hace clic sobre el enlace ellos ya han visto el producto que usted les está mostrando. Su intención es grandiosa. Su plataforma todavía es un poca tosca pero ellos deberían trabajar para resolver eso con el paso del tiempo.

Publicaciones Sociales

Hootsuite - Esta le permite programar con anticipación sus tweets. Usted puede ingresarlos y configurar el momento del día cuando usted quiere que sean compartidos. Usted puede configurar cuántas veces los quiere compartir y le brinda la posibilidad de automatizar mucho de su trabajo en Twitter.

Buffer - Otra opción para administrar sus publicaciones en medios sociales y sus estadísticas. Buffer es una manera fácil de hacer seguimiento a lo que está funcionando y a lo que no lo está.

IFTTT - Es el acrónimo de "If This Then That" (si pasa esto, entonces pasa eso) este servicio le permite configurar procedimientos automatizados o recetas, como ellos los llaman. Este servicio le permite realizar algunas tareas maravillosas de manera gratuita que son desencadenadas por otros eventos. Un ejemplo es compartir todas sus publicaciones de Facebook en Twitter. Otra es descargar todas las imágenes publicadas en su Instagram para alimentar su cuenta de Dropbox.

Google Alerts - Esta le permite configurar una notificación. Bien sea diaria o semanalmente o en tiempo real usted puede recibir una notificación sin costo por las veces que su marca o su nombre sea mencionado en línea. Google Alerts le permite introducir cualquier término que usted quiera. Entonces luego explora en Internet y cualquier mención de su marca o de su nombre le será enviado por correo electrónico con el enlace de la publicación.

Tercerización

Fiverr - Esta página web le permite comprar miles de servicios diferentes por parte de personas en línea en su mayoría de países en vías de desarrollo por $5.

Impresión

Moo - Bellas tarjetas de presentación o material impreso. Un paso más allá, todas las soluciones en línea económicas que ofrecen tarjetas gratuitas. Usted obtiene por lo que paga.

Suministros

Amazon - Pareciera descabellado pero algunas veces realmente es menos costoso ordenar suministros de oficina en línea que comprarlos en la tienda local de suministros de oficina. Verifique los precios sorprendentes en suministros de oficina que tiene Amazon. Se sorprenderá.

Consulte Esto

Nosotros discutimos sobre la poca importancia que consideramos ofrece un plan de negocios. En segundo lugar, después del plan de negocios pero de alguna manera también un desperdicio, se encuentran los consultores. Los consultores, las marcas costosas y las compañías de estrategia son inadecuadas para pequeñas compañías en sus inicios. Yo no estoy diciendo que estos profesionales no sean valiosos. De hecho es totalmente lo opuesto. Ellos tienen un valor increíble y años de experiencia. Si usted quiere conversar con ellos y utilizarlos, bien, pero eso va a tener un costo. Ese costo es algo que usted no puede asumir cuando está comenzando.

La buena noticia es que usted está leyendo este libro. Por una fracción del costo de grandes y sofisticados consultores, usted está adquiriendo el conocimiento y la experiencia de muchos emprendimientos fallidos y exitosos. Las lecciones que usted aprende se basan en muchos, muchos proyectos y con suerte le ahorrarán un sinnúmero de horas. Además de libros electrónicos publicados como este, Google ofrece acceso instantáneo a cientos de blogs y a foros de conversaciones que ofrecen consejos increíbles por parte de profesionales reales.

La cantidad de información gratuita nunca antes había sido de tan fácil acceso. Desde tutoriales en YouTube hasta configuraciones detalladas de flujos de procesos para prácticamente cualquier servicio, todo se encuentra a una simple búsqueda de distancia. Todo lo que se necesita es paciencia y tiempo para leerlos. A continuación encontrará páginas y fuentes que yo pienso son valiosas de parte de personas que considero tienen mucho que compartir. Esta de ninguna manera es una lista completa y hay una cantidad innumerable de fuentes gratuitas disponibles.

KiSS Metrics - www.kissmetrics.com

Smart Passive Income Patt Flynn - www.smartpassiveincome.com

MOZ - www.moz.com

Bootstrapping Ecommerce - www.bootstrappingecommerce.com

Entrepreneur - www.entrepreneur.com

Practical Ecommerce - www.practicalecommerce.com

Asignación de Fondos

Si bien nosotros no vamos a sumergirnos en los detalles de la contabilidad y del registro contable, es importante que usted vigile de cerca sus fondos. Cuando comience una nueva página web de comercio electrónico con un presupuesto limitado, cualquier pequeño gasto cuenta. Nosotros conversamos brevemente sobre QuickBooks y sobre cómo nosotros pensamos que es una opción grandiosa para el registro de su contabilidad. Además del registro contable, usted necesita administrar bien de cerca su flujo de efectivo. ¿Qué pasa cuando usted comienza a vender? ¿Qué va usted a ordenar nuevamente? ¿Qué gastos tiene usted? ¿Tiene usted alguna cantidad de dinero disponible para publicidad? Pruebe y presupueste una cuenta para su dinero con anticipación en lugar de gastar todo lo que le ingresa en el momento en que ingresa.

Su negocio será una criatura viva y el flujo de efectivo constantemente subirá y bajará, pero si usted se planifica con anticipación, puede mantener sus gastos imprevistos lejos de causar un embrollo. ¿Está usted preparado para los feriados? ¿Tendrá usted suficiente inventario cuando las ventas se incrementen? No espere hasta que sea muy tarde para ordenar nuevamente y perder la temporada ajetreada de ventas. Por otro lado, no ordene 10 de cada cosa. La belleza del comercio electrónico es que nadie realmente sabe cuántos artículos de cada uno usted tiene en el inventario. Obtenga 1 artículo de cada uno y ordene nuevamente cuando lo haya vendido. Esto puede hacer que su selección parezca más grande y prevenir que usted invierta todo su dinero en inventario. Si se está vendiendo bien, entonces incremente la cantidad.

En resumen, usted necesita vigilar cada uno de los gastos y nada debería ser tan grande que represente más del 20% de sus fondos disponibles. Si usted les está comprando a múltiples proveedores entonces distribúyalo equitativamente entre ellos. Cuando esté comenzando, busque proveedores que tengan disponibles mínimos bajos para sus órdenes. Verifique si ellos extenderán el neto de 30 elementos o pudiera ser que acepten entregar a consignación. Cuando compre los suministros para su material de oficina, material de embalaje o fuentes de embalaje hágalo en línea. Usted siempre puede encontrar cosas más baratas en línea que yendo a la tienda del vecindario. Como hemos dicho anteriormente, observe aquí la sección de oficina de Amazon. Usted se sorprenderá de que puede ser más barato hacer la orden en línea y hacer que se lo envíen que ir a una tienda a buscarlo.

[3]

Mercadeo y el SEO Fuera del Sitio

Monitoreo de su Tráfico

UNA DE LAS COSAS MÁS importantes que usted hará cuando configure su tienda en línea es instalar Google Analytics. Google Analytics es la herramienta más poderosa a la que usted tendrá acceso y lo mejor de todo es que es gratis. Su primer paso es visitar la página web y crear una cuenta nueva. A usted le darán un pequeño fragmento de código para ser instalado en su página web. Usted bien se lo entregará a la persona que está trabajando en su página web o encontrará en su carrito de compras del software donde insertar el código. La mayoría de los proveedores de venta de software hoy día proporcionan una manera fácil para que usted inserte el código de seguimiento. Es la herramienta de seguimiento analítica más ampliamente utilizada y una búsqueda rápida en Google de "insertar el código de Google Analytics en Shopify" o cualquiera que sea su plataforma de compras o la plataforma de su página web le brindará las instrucciones paso a paso.

Una vez que haya registrado una cuenta, insertado su pestaña de seguimiento y verificado su propiedad sobre la página web, comienza la parte divertida. Google Analytics realmente es una herramienta de análisis de tráfico en la página web. ¿Qué significa eso, dice usted? Google Analytics hace seguimiento a todo el tráfico desde y hacia y de todas las páginas vistas mientras se encontraban en su página web. Este comparte con usted dónde están ubicadas las personas en el mundo y en qué ciudad, cómo ellos encontraron su página web, cuánto tiempo estuvieron en su página web y miles y miles de otros puntos de información que no tienen precio cuando se trata de mejorar su negocio. Descubra qué mensajes están funcionando y qué páginas están forzando a las personas a salir. Usted puede ver qué palabras clave están enviando tráfico a su página web y en tiempo real usted puede ver a las personas en su página web y a las páginas que están mirando.

Una vez que usted ha jugado con Google Analytics y aprendido las funciones básicas, usted querrá crear una meta de conversión. Una meta de conversión es una meta que usted querrá que sus visitantes completen. Por ejemplo, usted querrá hacerle seguimiento a cada venta en su página web así que usted creará una meta de comprar un artículo. Esto puede ser un poco desalentador pero no se desanime. Usted realmente necesita completar esta sección ya que esta información no tiene precio. Lo que usted está haciendo es sentar las bases para ser capaz de hacer seguimiento desde dónde todas y cada una de las ventas se originaron. Esto se torna increíblemente poderoso cuándo se trata de sopesar el valor invertido en su mercadeo.

Una vez que el convertidor de su seguimiento está ubicado y la información ha sido recolectada, usted puede ver con precisión la fuente de todas y cada una de las ventas. Por ejemplo, alguien buscó en Google Blue Monkey (Mono Azúl) y encontró su página web y luego estuvo en su página web durante 5 minutos y finalmente realizó una compra. Usted también puede utilizar esta herramienta para ver qué no está funcionando. Digamos que usted está pagando por hacer publicidad en la página web de una organización local o en alguna otra página web. Puede ser que ellos le dijeran que era una gran idea invertir $100 por tener su banner publicitario en su página web durante un mes porque ellos tienen 1 millón de visitantes. Bien, con Google Analytics usted puede ver en blanco y negro si algún tráfico desde ese banner publicitario se convierte en una venta y más importante aún cuánto tráfico usted recibe en total durante el transcurso de ese mes.

Vamos a asumir que usted tuvo 4 clics y visitas desde esa página web donde usted tiene su publicidad. Tome sus $100 y divídalo entre las 4 personas que visitaron su página web a través de ese enlace. Eso representa $25 por visitante. ¿Eso tiene sentido para usted? Probablemente no, pero pudiera ser que sí. Así pues, esto por lo menos le da las herramientas para ayudarlo a tomar esas decisiones. Si usted está utilizando otras formas de publicidad y obteniendo una tasa de conversión comparable pero sólo pagando 50 centavos por cada visitante entonces claramente esa es una mejor fuente para usted. Lo primordial es encontrar la fuente más económica de tráfico calificado.

Vamos a discutir sobre el tráfico calificado en más detalle. El tráfico es fundamental pero sólo si es el tráfico adecuado. No quiero decir que usted no adore cualquier tráfico porque tráfico es tráfico. Pero si usted está pagando por ese tráfico entonces usted necesita asegurarse de que se está convirtiendo. Convirtiendo puede tener diferentes significados para personas diferentes. Realmente depende de lo que usted pretenda que hagan sus visitantes. Puede ser que usted solo quiera que ellos se registren para obtener un boletín informativo y esta es una conversión valiosa para usted. Puede ser que usted quiera una compra real. Esto es lo que usted necesita ser capaz de sopesar. ¿Cuánto costó adquirir una venta o una conversión? Yendo más allá aún, ¿es rentable? Si usted está pagando $20 en publicidad por cada conversión pero la conversión promedio trae como resultado un neto de $10 para usted, usted realmente está perdiendo dinero en cada venta.

Usted debe revisar estos números y monitorear constantemente el tráfico hacia su página web. Este tráfico, su fuente, su costo y su comportamiento es la savia de su página web. No se sienta atemorizado o desalentado por esto. Los números no mienten. Mientras usted pueda encontrar vías de tráfico que se convierten en ventas y que cuestan menos que la ganancia que usted obtiene de ellos, tendrá un negocio sustentable. Si usted no puede, entonces por lo menos puede aislar lo que no está funcionando y concentrarse en las fuentes alternativas de tráfico. No puedo enfatizar suficientemente la importancia de esto. Lea esta sección una vez más si es necesario pero su rentabilidad descansa en su costo de venta.

¿Quién le está enviando qué tráfico? Herramientas de Administración de Páginas Web (Webmaster)

Ahora que ya ha configurado Google Analytics y es capaz de monitorear el tráfico de su página web, vamos a avanzar hacia el paso siguiente. Google Webmaster Tools es lo siguiente que usted querrá configurar en su página web. Similar a Google Analytics usted necesitará insertar una línea de códigos en su página web para reclamar la propiedad de la página web. Una vez que ha sido reclamada, Webmaster Tools se tomará un par de días para ingresar los datos con la información pertinente para su página web. Webmaster Tools es un poco más detallista que Google Analytics pero es la espina dorsal de su SEO o campaña de mercadeo del motor de búsqueda.

Webmaster Tools suministra una visión interna de cómo Google mira su página web. Esto le mostrará la frecuencia de la palabra clave de su página web. Esto ayuda a estar seguro de que su contenido está alineado con lo que usted quiere mostrar en las búsquedas. Usted también será capaz de ver cualquier error con su página web así como también con otras páginas web que están enlazadas con la suya.

Google ofrece la búsqueda más confiable y completa debido a su algoritmo vanguardista. Esto unido al hecho de que ellos tienen millones de servidores verdaderamente a la caza de nuevo contenido y de información en línea, los mantiene a la delantera. Una vez que estos servidores encuentran esta información, ellos la "clasifican" o la añaden a sus resultados de búsqueda. Esto le permite ver quien se está enlazando a su página web y es conocido como vínculos externos de respaldo o enlaces de retroceso (backlink). Usted quiere estar seguro de que su página web sea clasificada y que sea mostrada en los resultados de Google y para eso es la Webmaster Tools.

Webmaster Tools le alertará de cualquier enlace roto en su página web o en otro contenido o páginas que no se estén mostrando adecuadamente. Adicionalmente, le mostrará las mejores prácticas para asegurar que usted esté mostrando su contenido de la mejor manera que es posible. Juegue de acuerdo con las reglas de Google y usted será premiado con tráfico desde su buscador.

Usted ha llegado ya bastante lejos. Buen trabajo. La buena noticia es que usted ha configurado las herramientas iniciales que necesita para administrar efectivamente sus esfuerzos publicitarios y de mercadeo en línea. Ahora es el momento de realmente sumergirse y poner algunas de estas herramientas de monitoreo a trabajar. Si usted no pasó a través de esas etapas de configuración entonces se torna difícil medir la efectividad del tiempo y del dinero que usted está invirtiendo.

AdWords

El producto bandera del conglomerado de Google, Google AdWords fue lo que representó aproximadamente el 68% de sus ingresos anuales de acuerdo con los resultados del 2014. Usted pensará, ¿qué es AdWords? Es cómo Google hace su dinero. Alguna vez usted ha buscado algo en Google y ha visto los principales resultados en la parte superior y en la sección derecha de la página como la que usted ve a continuación.

Esas secciones en rojo en la parte superior realmente son todos avisos publicitarios. Estas son colocaciones pagadas por las compañías que anhelan su atención y finalmente su tráfico. Pero este espacio no sólo es para compañías grandes clasificadas como Fortune 500 con enormes presupuestos de mercadeo. Google ha construido una herramienta robusta de colocación de avisos que ellos llaman Google AdWords que les permite a todos competir en igualdad de condiciones por el mismo mercado y por los clics de los clientes.

Vamos a discutir esto en más profundidad. Google le cobra con base en los CPC. CPC representa costo por clic y significa que usted solo paga cuando alguien realmente hace clic sobre el enlace. Esto es diferente a pagar solamente por mostrar su aviso. El modelo publicitario en línea original se basó en CPM. CPM hace referencia a costo por 1,000 impresiones. A medida que las personas se tornaron más sofisticadas y se sentían más cómodas en línea, ellos comenzaron a refinar su despliegue de banners publicitarios. Esto significa que la efectividad de estos avisos disminuyó y las personas eran menos propensas a pagar por simplemente tener su aviso para ser mostrado a las personas. La belleza del modelo CPC es que si el visitante no hace clic para ir a su página web entonces usted no tiene que pagar.

¿Así que de qué forma exactamente usted determina su CPC para varias palabras clave y cuánto debería usted pagar por cada clic? Bien, no es tan simple. Google muestra sus avisos con base en una cantidad de factores. En primer término y el más importante es la cantidad de dinero que usted desea pagar por cada clic. Si usted desea pagar $2.00 por clic, entonces usted va a aparecer en un rango más alto que quienes desean pagar 50 centavos por cada clic. Esto puede ser confuso pero en resumen, mientras más usted esté dispuesto a pagar, más alto aparecerá su aviso en los resultados. Yo quiero reiterar que nosotros solo estamos discutiendo sobre la porción de los avisos que les mencioné con anterioridad en los resultados de búsqueda. Hay dos porciones en cualquier búsqueda de Google. Hay una colocación de avisos publicitarios pagados y hay un resultado orgánico que es de colocación gratuita. Nosotros solo estamos hablando de las colocaciones pagadas en este momento.

Ahora vamos a conversar sobre la configuración de su campaña de Google AdWords. Cuando se da inicio a una campaña en Google usted necesitará conformar una lista de palabras clave o términos de búsqueda que usted cree las personas utilizarían para buscar su página web. Es mejor comenzar con palabras clave altamente específicas e ir explorando y avanzando su trabajo desde allí. Google tiene millones y millones de búsquedas en un día y usted puede ser altamente selectivo con sus términos. Mientras más altamente enfocada sea su cadena de búsqueda, será más probable que la persona que haga clic sobre la misma sea un cliente potencial para usted.

Por ejemplo, vamos a asumir que usted está vendiendo Collares de Huevos de Pascua. Idealmente, usted comenzará con la palabra clave exacta de "Collares Huevos Pascua" y entonces construirá una lista a partir de allí. Alternativamente, "Collares de Pascua" pudiera ser otra palabra clave buena. Usted querrá ser cuidadoso y no utilizar términos que sean muy amplios. Por ejemplo, "Collares" que si bien es relevante es muy amplio. La probabilidad de que alguien buscando "collares" esté interesado en collares de huevos de pascua es mucho menor que la de alguien buscando por "collares de pascua". Usted realmente querrá refinar su enfoque. Siempre puede ampliar sus palabras clave con posterioridad si tiene una definición de mercado muy limitada.

Cuando esté configurando su campaña hay un par de cosas que usted querrá considerar y asegurarse de atender. Yo puedo comentarles sobre muchos dólares desperdiciados y mucha irritación sufrida, así que yo hubiera deseado haber sabido sobre estos dos consejos antes de haber comenzado a trabajar con Google AdWords. Google preferiría que usted no conociera estas cosas y es por eso que ellos hacen muy complicadas estas opciones en profundidad y configurarlas por defecto beneficia a Google.

Consejo 1

Cuando esté creando una campaña de palabras clave y en la adición de una palabra clave, tenga en cuenta que hay 3 tipos de emparejamiento que se pueden utilizar. Ellos no le preguntarán cuando hace la incorporación de las palabras clave, pero usted necesita asegurarse de editar el tipo de emparejamiento como corresponda. Yo creo firmemente en utilizar el emparejamiento exacto y luego añadir los términos específicos de palabras clave que deseo sean el objetivo. Esto puede requerir de un poco más de trabajo en la configuración con todas las palabras clave potenciales, pero le puede ahorrar el desperdicio de fondos sustanciales.

Emparejamiento Amplio - Este tipo de emparejamiento contiene sus palabras clave en cualquier orden y puede incluir otras palabras clave. Por ejemplo "yo odio la pascua y a los collares" daría como resultado que su aviso se mostraría y claramente no sería alguien por quien le gustaría pagar por su visita a su página web.

Emparejamiento Exacto - El emparejamiento exacto solo contiene sus palabras clave y específicamente en el orden en que usted las ha ingresado. Esto puede tener como resultado dejar fuera algunos de los otros términos indiscriminadamente pero una refinación adicional con posterioridad y la revisión a las oportunidades de recomendaciones de Google finalmente le suministrarán todas las palabras clave potenciales que usted desea. "Collares de Pascua" es por lo que se mostrará su aviso.

Emparejamiento de Frases - El emparejamiento de frases contiene todas las palabras en orden pero pudiera incluir otras palabras antes o después de su frase. Desafortunadamente esto significa que si alguien está buscando "collares de pascua gratis" usted aparecerá en las búsquedas y pudiera tratarse de una persona que no tiene la intensión de pagar una vez que ha hecho clic a través de su página web.

Consejo 2

El segundo consejo y otro que rara vez se cambia en Google es limitar sus resultados de búsqueda solo a la red de Google. Por defecto su campaña será configurada para correr en todos los socios de búsqueda. Yo he descubierto que los socios de búsqueda con frecuencia suministran visitantes sospechosos más que visitantes comprometidos con la página web.

Google ofrece un programa de ganancias compartidas con los socios de búsqueda como AVG antivirus y otras compañías donde ellos comparten la cantidad que usted está dispuesto a pagar por el clic con el causante de la búsqueda. Es el mejor interés de esas compañías tener usuarios que hagan clic sobre los términos sin importar si son relevantes o no.

Este es un gran mercado y no es uno donde yo diga que usted tiene que perder todo junto. Ellos solo tienden a mostrar una tasa de rebote más alta (salen de su página web sin leer o sin profundizar en su página web) en comparación con las búsqueda normales orientadas por Google.

Su primer paso será cambiar la configuración de su campaña a "Search Network Only" (Buscar Solo en la Red) y entonces usted querrá encontrar la opción donde se define "Networks" (redes). Edite esto y asegúrese de que los socios de búsqueda están desactivados. Esto evitará que sus avisos de palabras clave corran en otras páginas que con frecuencia producen resultados menos favorables.

Si usted tiene una lista de palabras clave altamente buscada y a pesar de ello encuentra que no es capaz de producir tráfico suficiente al precio que está dispuesto a pagar, solamente con los resultados de la búsqueda de Google, entonces usted podría considerar utilizar a los socios de búsqueda. Yo le recomendaría que usted configure una campaña adicional incluyendo a los socios de búsqueda pero teniendo un CPC reducido para esa campaña. Puede ser que usted esté dispuesto a pagar 60 centavos por clic desde Google directamente pero solo 25 centavos por clic si es desde un socio de búsqueda. Este le permite capturar algo del volumen de esas búsquedas adicionales pero a un costo menor con el entendimiento que esas son de visitantes potencialmente menos comprometidos.

Notas Adicionales de Interés
Google AdWords tiene una lista increíble de características, desde búsqueda geográfica hasta reclasificación de visitantes que han estado en su página web con los banner publicitarios creados por el fabricante de avisos de Google. Usted realmente debería tomarse el tiempo necesario y navegar a través de las diferentes opciones disponibles para usted. Refinar aún más sus campañas solo le ayudará a ser más rentable.

Usted puede asegurarse de que no está desperdiciando su dinero en la población equivocada. Si su producto solo es relevante en la costa este de los EE.UU. entonces limite los resultados de su palabra clave a la población local. Si usted cree que sus clientes potenciales no están buscando en un teléfono móvil entonces limite su objetivo a computadoras de escritorio y tabletas.

Hay características increíbles que le permiten refinar su mercado. Tómese el tiempo y aprenda de ellas y verá los resultados. Usted no tiene por qué hacerlo todo en una sola oportunidad. A mí me gustaría darle una mirada y pensar sobre eso una vez al mes una vez que tenga su configuración inicial establecida. Usted no puede dedicar más de media hora o quizás un poco más, en cada oportunidad en que trabaja con esto o si no se volverá loco. Refínelo con el transcurso del tiempo.

Correo Electrónico

Con la finalidad de asegurar que los correos electrónicos están siendo bien enviados y para hacer un buen seguimiento a los detalles como aperturas y clics a través de ellos, usted va a querer enviar correos electrónicos desde un proveedor de correos electrónicos establecido. Innumerables estudios han demostrado una y otra vez que el mercadeo por correo electrónico tiene de lejos el mejor retorno de capital en comparación con todas las otras opciones de mercadeo. El mejor momento para comenzar a conformar su lista de correo electrónico es justo ahora. No importa si usted está comenzando con 2 o con cientos de direcciones de correo electrónico, usted necesita comenzar a construir su lista justo ahora. Puede parecer abrumador en un primer momento y tonto solo tener una lista de 5 o 10 personas pero usted tiene que comenzar en algún punto.

Construir su lista de correos electrónicos no significa abrir una hoja de cálculo en su computadora y comenzar a añadir nombres allí. Usted va a necesitar organizarse y añadirlos en alguna parte donde pueda administrarlos. Hoy día usted no puede enviar un correo electrónico desde su cuenta personal a un gran grupo de personas y esperar a que sean enviados. Las cuentas de correo electrónico personal son diseñadas precisamente para eso. Correo Electrónico Personal. Usted necesita utilizar un servicio de envío de correo electrónico profesional. Sin embargo, esto no significa que usted tiene que pagar. Hay mucha competencia en este espacio y hay muchas buenas opciones actualmente en el mercado. El espacio se ha tornado tan competitivo que muchas de las facilidades y lujos que eran ofrecidos solo por ciertas compañías ya han sido adoptados por todas ellas. Las tres más grandes que yo les puedo recomendar con las siguientes.

Mail Chimp - Limpia, simple y fácil de utilizar. Ellos tienen una cuenta gratuita y tienen una cantidad increíble de opciones y funciones para la cuenta gratis. Una advertencia, a medida que usted crece ellos van a requerir que pague algo de dinero por el servicio. Una vez que usted tenga más de 2,000 suscriptores tendrá que pagarles, pero para eso todavía falta algo de tiempo. Si usted está utilizando Shopify, ellos le ofrecen una aplicación llamada Chimpify que se une directamente a su software para tener suscripciones sin interrupciones a su lista de correo electrónico cuando se colocan las órdenes.

AWeber - Esta es una opción increíblemente robusta que yo recomiendo para cualquier persona que venda libros electrónicos u otros productos digitales. Ellos tienen un sistema sorprendente para programar una secuencia de correos electrónicos de seguimiento para lentamente convertir a sus suscriptores en compradores. Nosotros lo utilizamos para algunas de nuestras páginas web de suscripción y en las páginas web más involucradas con el proceso de ventas. Los adoramos.

Constant Contact - Probablemente es el más grande de los tres, Constant Contact ha estado en el mercado desde los inicios. Ellos tienen un gran atractivo y un reconocimiento sustancial de su nombre por los comerciales de TV. Ofrecen todas las mismas características que los otros. A usted no puede irle mal con ellos.

Una vez que se ha decidido por su proveedor y ha configurado su cuenta usted creará una lista. Esta lista es donde usted comenzará a incluir a todos sus suscriptores. Si usted tiene una lista inicial que mantenía en una hoja de cálculo o en un documento de Word, puede cortar y pegar o importar todos estos datos en el software. Una vez que ya están en la lista, usted comenzará a construir su lista a partir de allí. La belleza de estos sistemas es que ellos administrarán la suscripción y el retiro de la suscripción por usted. Cuando las personas quieren ser añadidas o retiradas de la lista, cuentan con muchas maneras diferentes de hacerlo por usted, con un proceso automatizado que lo incorpora a su página web.

Hay un balance entre la incorporación de personas a su lista y la obtención de su permiso. Muchas de las compañías de correo electrónico incorporan un segundo paso de confirmación. Esto significa que una vez que alguien se registra para recibir su boletín informativo o se incorpora a su lista de correos electrónicos, ellos van a recibir un correo electrónico para confirmar su inclusión. Si ellos no hacen clic sobre el enlace en ese correo electrónico para confirmar su suscripción, no van a ser añadidos. Si bien esto asegura que las personas realmente quieren recibir sus correos electrónicos, también reduce la cantidad de suscriptores que usted obtiene. Es un equilibrio entre muy poco o mucho pero finalmente si usted se mantiene en el camino y diligentemente reúne los correos electrónicos en eventos especiales o en espectáculos y en línea a través de su página web, su lista crecerá.

Una vez que tenga su lista y esta haya comenzado a crecer con suscriptores, yo le recomendaría que construya una plantilla básica para todos sus correos electrónicos. Cada uno de estos programas viene con un sistema de diseño de correos electrónicos y la mayoría de ellos administra correos electrónicos receptivos, así que se aseguran de que sus correos electrónicos se vean bien en los dispositivos móviles y en las computadoras. Una vez que tenga definida su plantilla por defecto, usted será capaz de cambiar sus imágenes o sus mensajes muy fácilmente, sin tener que comenzar desde cero en cada oportunidad en que envíe un correo electrónico. Usted copiará sobre la plantilla y modificará lo que ya tiene.

Enviar correos electrónicos es algo en lo que usted necesita ser muy diligente. Esto no es rápido y le puede tomar mucho tiempo y por ello muchas personas deciden que no es importante. Eso está mal y usted necesita comprometerse con el envío de correos electrónicos. Mantenga una imagen fresca y haga que sean regulares. Si usted quiere enviar los correos electrónicos una vez al mes entonces sea firme con eso. Si usted es más aventurero, está más comprometido y quiere enviarlos cada dos semanas, semanalmente o incluso diariamente, entonces hágalo.

Por ello, la regularidad es lo que ganará con el transcurso del tiempo. Un correo electrónico esporádico cuando a usted le provoque es mucho menos efectivo que los correos electrónicos tranquilos y regulares con el paso del tiempo. Algunos compradores necesitarán ver su marca y se sentirán más cómodos con ella con el transcurso del tiempo. Esta tranquilidad puede ser que no se logre en su primera visita a su página web, pero podría lograrse luego de haber recibido media docena de correos electrónicos. Cada quien es diferente.

No subestime el poder de los correos electrónicos. Son importantes.

Publicar en Blogs

Oh, el temido blog. "Sobre qué demonios voy a hablar en el blog", dice usted cuando se sienta a escribir su primer blog. La buena noticia es que en un principio realmente no importa. La belleza de escribir en blogs es que cada cosita pequeña ayuda y mientras usted más escribe, cada vez será mejor. Hay dos tipos de escritura en blogs de los que yo quiero comentar y dos tipos de creencias en este espacio.

La primera pregunta que necesita hacerse es si su página web es en primer lugar un blog y principalmente, ¿Está usted construyendo un blog que también ofrece productos o servicios para la venta? Por otra parte, ¿tiene usted una página web principalmente de comercio electrónico? ¿Está usted buscando simplemente obtener algo de tráfico con su blog para su página web de comercio electrónico? Esta pregunta dictaminará ampliamente cómo usted escribirá y el tiempo que le dedicará al blog.

Si usted oficialmente va a ser un bloguero y sus publicaciones son la crema y nata de su página web entonces usted necesita planificar sus blogs con mucho más cuidado. Usted tiene que crear una voz para usted mismo y pensar sobre lo que sus lectores o potenciales lectores querrán leer. Usted necesita crear una conexión con sus lectores y atraerlos a su contenido con regularidad. Yo estoy muy lejos de estar calificado para brindar consejos en este campo y ya hay muchos blogueros sorprendentes con muchos seguidores que le pueden dar consejos en esta materia.

La segunda opción es la de contenidos creados para páginas web principalmente con la intención de vender productos o bienes en línea. Esto se hace con la intención de conducir a las personas interesadas hacia su página web, para luego permitir que lo encuentren indirectamente. Nosotros hemos hablado un poco sobre la publicidad pagada y los esfuerzos de mercadeo pero ahora vamos a ver a los blogs como una carnada para alimentar a los motores de búsqueda. Google adora el contenido y el contenido relevante de su página web es lo que le va a continuar brindando nuevos usuarios a su página web sin tener que pagar por ellos.

Cuando usted crea contenido nuevo y escribe publicaciones en su blog, Google clasificará a su página web y encontrará ese contenido nuevo. Con suerte su contenido ya está enriquecido con las palabras clave relevantes que están en su objetivo y en compensación cuando las personas buscan en línea por esas palabras clave sus publicaciones en el blog eventualmente se mostrarán en los resultados. Cada página o publicación en el blog que usted cree es una página adicional que será clasificada en los motores de búsqueda. Aquí es donde usted está buscando encontrar internautas adicionales y atraerlos a su página web.

Debe estar pensando, ¿por dónde comenzar? No lo piense demasiado. Escribir, en gran medida, se trata de lanzar algunas palabras sobre el papel y continuar dándoles forma a todas juntas. Yo no soy el mejor escritor pero usted no podrá mejorar si no lo intenta. Sin el intento, con toda seguridad usted no producirá contenido alguno. Piense sobre contar una historia o explicar uno de sus productos. Puede ser que usted escriba sobre una pieza estacional, sobre unos días feriados o sobre lo qué está pasando en su área o en su industria. Haga una revisión de productos. Piense sobre su cliente final y escriba sobre lo que le interesa a ellos. No tiene que ser directamente sobre sus productos. Siempre que de alguna manera esté relacionado y sea atractivo para sus clientes entonces vale la pena escribir sobre eso.

Por ejemplo, digamos que usted está vendiendo partes de automóvil en línea. Hay probabilidad de que su cliente potencialmente sea un hombre que esté reparando su propio automóvil o que trabaje con automóviles. Escribir una publicación en un blog sobre los modelos más nuevos de automóviles que se han mostrado recientemente en una exposición de automóviles, con fotografías, es una pieza grandiosa de contenido. Usted no tiene que haber ido a la exposición de automóviles para escribir sobre la misma. Hay cientos de otras personas que lo hicieron por usted. Búsquelo en Google y encuentre las historias y escriba su propia pieza sobre la exposición con fotografías. Identifique las fotografías con enlaces de retroceso hacia las personas que las han suministrado.

Cuando esté escribiendo una publicación, hay un par de cosas en las que usted se querrá concentrar para asegurarse de que ha sido optimizada para los motores de búsqueda. Si bien esta no es una guía 100% completa, con toda seguridad hará que su contenido sea más atractivo y "relevante" para los motores de búsqueda. Decida una palabra clave para su artículo. En el ejemplo de la exposición de automóviles nosotros vamos a utilizar "Exposición de Automóviles de Minneapolis" como palabra clave. Recuerde que una palabra clave no hace referencia a solo una palabra. Puede ser una cadena de palabras. Ahora que ya hemos definido nuestra palabra clave, vamos a querer utilizar esta cadena de palabras clave a lo largo del artículo.

Un buen tamaño para una publicación en un blog es de mínimo 300 palabras y realmente debería estar en el rango de 500 palabras. Mientras más larga mejor, y hay estudios que realmente muestran que publicaciones de 2,000 hasta 3,000 palabras son las más efectivas. Yo no estoy tratando de matarlo aquí, pero a las personas y a los motores de búsqueda les gustan las publicaciones largas. Para nuestro ejemplo, y lo que nosotros generalmente escribimos, son publicaciones de 500 palabras. Un buen criterio generalizado es que usted querrá que su cadena de palabras clave aparezca en más del 1% del contenido del artículo. En una publicación de 500 palabras eso significa que la palabra clave debería aparecer en el artículo en 5 oportunidades. Usted necesitará tornarse creativo pero también querrá asegurarse de que la tiene esa cantidad de veces.

Usted querrá asegurarse de que el título de su publicación en el blog contenga su palabra clave. No solo el título debería tener la frase de la palabra clave sino que preferiblemente también debe ser ubicada al comienzo del título. Por ejemplo. "Exposición de Automóviles de Minneapolis Autos Candentes" es mejor que "Automóviles Presentados en la Exposición de Automóviles de Minneapolis". Usted también querrá estar seguro de que su título no sea más largo de 70 caracteres. Google prefiere los títulos por debajo de esta longitud y solo mostrará esa cantidad de caracteres cuando muestre los resultados de la búsqueda.

Dentro del cuerpo de su publicación en el blog usted querrá tener encabezados en las secciones para dividir el texto. Los encabezados deberían tener la palabra clave de ser posible y deben ser presentados en una fuente en negritas. Esto ayuda a que la publicación en el blog sea más atractiva para la lectura, además de ayudarlo desde la perspectiva del SEO.

Siempre añada fotografías a su publicación en el blog y asegúrese de incorporar a la imagen las técnicas de SEO que discutimos con anterioridad en el libro. En resumen, dele a su imagen el nombre de su palabra clave, añada una etiqueta ALT con la palabra clave y no sienta temor de incluir el enlace a la fuente de su imagen. Asegúrese de que las imágenes que está utilizando son gratis y pueden ser utilizadas. A mí me gusta buscar en Flickr imágenes que comercialmente tienen permitido ser utilizadas. Adicionalmente, usted puede buscar algunas bellas imágenes en alta resolución en Unsplash.

Google aprecia que usted haga los enlaces con otras páginas. Una página web bien pensada que suministra información valiosa para sus lectores naturalmente tendrá enlaces a otras fuentes. Usted debería tener por lo menos un enlace a otra página web dentro de cada publicación. En este ejemplo, probablemente usted incluirá el enlace directamente a la página web de la Exposición de Automóviles de Minneapolis.

"Bien esto suena como una terrible gran cantidad de trabajo" dice usted. No lo es, pero yo entiendo que escribir puede parecer sobrecogedor y no es el fuerte de todas las personas. Hay opciones. Nosotros también hemos utilizado redactores creativos para generar contenido para nosotros en el pasado. Esto puede variar en calidad y en precio, y usted realmente necesita hacer una búsqueda para encontrar al socio adecuado. Los precios pueden variar desde $5 hasta $300 por publicación en el blog y generalmente hablar de $15 es un precio razonable. Usted puede buscar escritores en Fivver o Elance o incluso simplemente buscando en Google {su redactor creativo para industrias}. Usted querrá asegurarse de que esté familiarizado con su industria pero tenga previsto hacer una pequeña modificación al artículo luego de que lo reciba. Este nunca va a ser 100% preciso y va a necesitar un poco de su participación.

> ADVERTENCIA <

Tenga cuidado de recibir contenido plagiado. No solo es una responsabilidad de su sitio sino, lo que es aún peor, probablemente no sea útil. Google tiene sistemas complejos que catalogan todo el contenido que encuentran en el internet. Si usted publica un artículo y ellos ya han catalogado ese contenido en otro sitio, ellos ignorarán esa página de tu sitio. No será mostrado en los resultados de la búsqueda y los beneficios de tener esa publicación son nulos.

Si usted está preocupado sobre recibir contenido original entonces asegúrese de discutir esto claramente con el redactor creativo que está contratando. Una vez que le entreguen el contenido usted lo puede enviar a un sitio llamado Copyscape. Copyscape es un gran motor de búsqueda que ayuda a asegurarse de que su contenido no aparece en ningún otro sitio en línea. La versión gratuita requiere que usted ingrese una página web así que tendrá que publicar el artículo primero y luego colocar la url en la casilla de verificación por plagio. La versión pagada que es increíblemente económica (un par de centavos por búsqueda) le permite realmente pegar el contenido en la casilla de búsqueda de originalidad.

En resumen el valor de hacer publicaciones en blogs es completamente subestimado. Contenido fresco y la búsqueda de la palabra clave es la manera más fácil de incrementar el tráfico gratuito hacia su página web. El otro beneficio de escribir blogs es que estarán allí para siempre. Escriba un artículo o publíquelo una sola vez y allí envejecerá como el buen vino, finalmente atrayendo más y más tráfico. Este es un ejercicio intenso en tiempo pero uno que se puede pagar por sí solo. Recuerde que nada llega rápidamente y no todas sus publicaciones van a ser un éxito, pero cada visitante adicional es otro cliente potencial.

Enlaces de Retroceso (backlinks)

Nosotros hablamos anteriormente sobre SEO en el sitio y de asegurarse de que su contenido sea rico en palabras clave y relevante para sus lectores. Esta es la base para la construcción de un buen contenido. Pero ¿cómo obtenemos a los visitantes y el tráfico? ¿Cómo nos posicionamos alto en los resultados de búsqueda? Con la finalidad de que este contenido sea encontrado y sea considerado valioso, nosotros necesitamos cierto reconocimiento equivalente y aprobación.

El algoritmo completo de búsqueda de Google fue creado sobre el principio de los vínculos externos de respaldo o enlaces de retroceso (backlinks). Un enlace de retroceso (backlink) es un enlace desde una página web a otra página web. Cuando alguien añade un enlace a su página web, y ese enlace se direcciona hacia la página web de usted, entonces es considerado un enlace de retroceso (backlink). La teoría de Google es que si alguien está enlazado con su página web, entonces ellos, de cierta forma, respaldan su página web. Este respaldo sutil fue catalogado y almacenado. Las páginas web con más enlaces de retroceso (backlink) deberían mostrarse más alto en los resultados de búsqueda. La teoría es que si hay 1 millón de páginas web enlazadas con una página web, entonces claramente la página receptora es más importante que la página que solo está enlazada a otras 5 páginas web. En consecuencia, estas deberían mostrarse más alto en los resultados de búsqueda.

En su simplicidad está la base de los resultados de búsqueda para Google y lo que todavía ampliamente alimenta sus resultados de búsqueda hoy en día.

Adicionalmente, a los enlaces de retroceso (backlink) básicos, Google dio un paso más allá y buscó el texto que se utiliza para enlazar su página web. Esto se utilizó para determinar por qué palabras clave se mostraría su página web. Por ejemplo, si nosotros nos enlazamos a una página web el texto real que tiene el subrayado y está enlazado es lo que ellos están buscando. Ej. flamingos azules. Si 1,000 páginas web se enlazan a su página con el enlace flamingos azules, entonces Google correctamente asume que su página web es relevante para la pregunta de esa búsqueda. Si usted tiene más enlaces que una página web de la competencia con esa combinación específica de palabras, usted debería aparecer sobre ellos. Esta es la base de la búsqueda de Google y de cómo ellos son capaces de suministrar enlaces más relevantes que otros motores de búsqueda.

Pero como con todas las cosas, las personas comenzaron a "jugar" con el sistema y comenzaron a crear miles de enlaces de retroceso (backlink) no naturales con los términos que ellos querían posicionar. El algoritmo ha evolucionado sustancialmente con el transcurso de los años y hoy día es extremadamente poderoso. Si bien el principio fundamental de la búsqueda de Google no ha cambiado, ha sido refinada para ser increíblemente inteligente. Google es capaz de revisar el contenido en la página donde está ubicado el enlace para asegurarse de que es relevante para su materia y que sea original. Ellos también comparan la credibilidad de las páginas web y de los enlaces desde páginas web más importantes que traen más "enlaces sustanciosos".

Enlaces sustanciosos no es un término oficial pero es uno que es ampliamente entendido en la jerga del SEO (optimización del motor de búsqueda). Este término hace referencia a la cantidad de sustancia que usted obtiene desde Google por tener enlaces de retroceso (backlink) desde varias páginas web. Una página web con credibilidad tiene un enlace mucho más sustancioso que una página web menos popular. Un enlace desde una organización sin fines de lucro o una gran red de noticias o una agencia del gobierno tiene una cantidad increíble de sustancia en el enlace. Por otra parte, un enlace desde el perfil de un usuario en una red social pequeña o un enlace en un comentario al azar en una publicación en un blog, tienen mucha menos sustancia. Usted siempre estará en la búsqueda de páginas web de alta calidad para los enlaces que respaldarán su página web.

Yo sé que esta es mucha información. Usted no tiene por qué absorberla toda en una sola oportunidad. Usted puede pasar semanas estudiando por sí mismo mucho más sobre enlaces de retroceso (backlink) y SEO. Hay toneladas de blogs y herramientas increíbles que le ayudarán a monitorear sus propios enlaces. Usted puede profundizar tanto como quiera en este campo pero un conocimiento básico con frecuencia es satisfactorio para hacer una gran diferencia.

> ADVERTENCIA <

El SEO no es barato y no existe un camino fácil. Una campaña efectiva toma tiempo y compromiso. Las compañías querrán cobrar considerables cuotas mensuales para hacer muchas cosas que usted puede hacer por sí mismo. Ellos le proporcionarán informes elegantes que están generando con otros sitios a los que usted tiene acceso, como Moz o Ahrefs o Majestic SEO o SEMAlt.

En resumen, usted debería hacer un esfuerzo por obtener tantos enlaces de retroceso (backlink) como usted pueda para su página web. Si usted está vendiendo productos para otras compañías asegúrese de obtener un enlace desde las páginas web de esas compañías. Si hay directorios locales u organizaciones a las cuales usted pertenece, obtenga un enlace desde sus páginas web. Estos enlaces traen mucha sustancia. Si usted quiere ser prominente en las vistas de las búsquedas, debe tener muchos enlaces de retroceso (backlink) sustanciosos direccionados hacia su página web. Usted no solo querrá tener esos enlaces direccionados hacia su página de inicio sino que también los querrá en las profundidades de su página web hacia contenido específico y hacia páginas de productos. Reparta amor, pero busque sus enlaces de retroceso (backlink) en todas las partes donde los pueda encontrar.

Desperdicio Fuera de Línea

Puede ser que usted todavía crea en la vieja escuela de imprimir publicidad y sienta la necesidad de hacer publicidad en un periódico local o en una revista local. Hágame un favor y ahorre su dinero. La belleza de la publicidad en línea es que esta es transparente y analítica. Con claridad perfecta usted puede medir el número de personas que acuden a su página web desde otras páginas web. Si usted quiere colocar un banner publicitario en otra página web, usted puede estudiar las cifras de su tráfico y determinar exactamente cuántas personas visitan su página web al hacer clic sobre ese enlace. Dividir el costo por persona le brinda un número exacto y usted puede determinar si esto tiene o no sentido para usted.

La publicidad fuera de línea es totalmente lo opuesto. Un aviso en una revista o en una valla publicitaria no es medible. Esto es parte de las razones por las que todavía existen. Es claro que hay un valor por esas colocaciones pero nadie puede probar cuánto es ese valor. Su optimismo quiere que usted crea que es una buena inversión pero la realidad es que probablemente no lo sea.

Si usted está tratando de construir una marca y la publicación es altamente buscada por su audiencia, entonces pudiera ser un buen complemento para los otros esfuerzos publicitarios en línea que usted esté haciendo. Esta es la única excepción.

Yo le pido pensar, con cuánta frecuencia usted está leyendo un periódico o una revista y le pica el interés por un aviso publicitario. Usted puede incluso ir más allá y doblar la página. Eso significa que voy a regresar a este punto. Ahora, de esas páginas muy interesantes dobladas que marcó, ¿con cuál frecuencia usted realmente va en línea para teclear su página web? No lo hace. Los números son abismales y se puede comprender el porqué. Al ser un publicista usted necesita tener un discurso lo suficientemente convincente para hacer que alguien recuerde su compañía después, cuando se vuelva a sentar frente a la computadora, y hacer que recuerden su url para ir hacia su página web. En línea es instantáneo. Las personas están interesadas, hacen clic, y ya los tiene. Es medible y se puede contabilizar, y en mi opinión la única cosa en la que usted debería concentrarse.

Hágase Social

Oh! Oh! Como ha cambiado el mundo social y continúa cambiando. En el momento en que usted está leyendo esto, no hay duda de que una nueva red social que fue lanzada por alguien le estará diciendo que necesita prestarle atención a la misma. Bien, a continuación las malas noticias. Usted necesita prestar atención a esas redes sociales. Voy a darles una breve descripción de cada una de las redes sociales principales y a explicarles cómo funcionan o por lo menos cómo debería utilizarlas usted.

Facebook - La primera y el gran padre de todas las redes sociales, Facebook todavía atrae mucha atención. Nosotros hablamos brevemente sobre la construcción de su audiencia y de ser amigable con todas las personas que pueda para el lanzamiento de su nueva página web. Además de su página personal usted necesitará construir una página comercial de Facebook. Esto es más fácil de lo que suena y Facebook lo ha hecho de manera directa. Invierta su tiempo en decorarla y en cambiar las imágenes por defecto. Cargue su logotipo y personalice su página. Facebook es una de las maneras más fáciles para direccionar tráfico a su página web inicialmente y para despertar el interés en su nueva página web.

Esto toma tiempo pero una de las primeras cosas que usted querrá hacer después del lanzamiento de su página web es invitar a todos sus amigos a marcar me gusta en su página comercial. Esta es su oportunidad para cautivarlos y ser capaz de comunicarles su mensaje. Usted aún será capaz de publicar información de la compañía en su página individual pero con mucha menos frecuencia de lo que lo hará en su página comercial. Es una cortesía y la mayoría de las personas entienden que negocio es negocio y placer es placer. Necesitará trazar una línea y hacer lo que sea cómodo para usted.

Sus publicaciones en Facebook deben ser atractivas e incluir una fotografía. Las personas son flojas y prefieren mirar en lugar de leer. Cuando estén navegando en su muro, usted querrá que su imagen se destaque. Idealmente, usted hará publicaciones diarias o día de por medio. No entre en pánico. Vamos a explicar brevemente cómo puede usted atar esas redes sociales todas juntas lo que le ahorrará un tiempo sustancial. Este le permite hacer una publicación en una red y hacer que sea publicada en las demás.

Facebook es grandioso y puede ser un gran generador de tráfico a su página web. En el último par de años, liberaron los avisos publicitarios de Facebook lo que le permite mostrar sus avisos publicitarios a una población altamente etiquetada de usuarios. La belleza de Facebook es que ellos saben casi todo sobre sus usuarios. Y porque ellos tienen esa información, usted será capaz de alcanzar a los usuarios específicos. Por ejemplo, si usted vende ropa para bebés solo en Florida, usted puede ubicar mujeres que tengan cierto nivel de ingresos, que tengan un niño, que compren en línea y que estén ubicadas en Florida. Puede usted apreciar lo increíblemente poderoso que es esto.

La publicidad de Facebook similar a los Google AdWords son CPC (costo por clic) y usted puede determinar cuánto está dispuesto a pagar por clics y monitorear su conversión para determinar cuáles visitantes valen la pena para usted. Es transparente y con un sin fin de configuraciones, lo que la convierte en una opción poderosa para la publicidad.

> ADVERTENCIA <

Debido al tamaño y alcance de Facebook, su credibilidad es importante y usted debe prestar atención cuando configura su campaña de publicidad. Es mucho más fácil definir un grupo ajustado e ir soltando las restricciones una vez que tenga la oportunidad de medir la respuesta. Si usted lo deja suelto y no establece un límite del gasto, puede gastar mucho dinero rápidamente con visitantes no calificados.

Twitter - Twitter es la otra gran red social que todavía tiene un seguimiento increíble con millones y millones de usuarios conectados. Twitter, como es ampliamente conocido, solo le permite ingresar 140 caracteres. Las personas lo siguen a usted y a otros, y a medida que usted hace un tweet o publica algo en Twitter, esto aparece en su línea de tiempo. Es una herramienta para compartir información en tiempo real. Sin embargo, la naturaleza de Twitter es que las personas entran y salen de la base de su línea de tiempo cuando tienen oportunidad. Con frecuencia están siguiendo a muchas personas y puede ser que vean o no vean su tweet.

Algunas personas utilizarán herramientas como HootSuite o Buffer. Estas le permiten programar con anticipación sus tweets. Usted puede ingresarlos y configurar el momento del día cuando usted quiere que sean compartidos. Usted puede configurar cuántas veces los quiere compartir y le brinda la posibilidad de automatizar mucho de su trabajo en Twitter. Una vez más, esto se puede conectar con su página de Facebook o vice versa para que pueda compartir sus publicaciones o actualizaciones desde una plataforma a la otra.

Twitter también ofrece publicidad bajo la forma de tweets promocionales. En forma similar a las otras redes sociales, usted puede fijar una campaña para atraer a la población de usuarios que usted quiera. También puede fijar el precio que está dispuesto a pagar por compromiso. Un compromiso se define como un retweet (compartir su tweet), un favorito o un clic a través del enlace en su tweet. Esto le ahorra mucho dinero y una vez más juega un rol en la credibilidad y solo paga por el desempeño real.

Twitter, a diferencia de otras redes sociales, se trata predominantemente de mensajes de texto que son compartidos. Si bien usted puede incluir una fotografía o un clip de video, lo que se comparte se hace fundamentalmente en oraciones de 140 caracteres. Esto es extremadamente efectivo para productos o servicios que son menos visuales en naturaleza pero pueden obtener resultados o hechos comprobados por compartir. Twitter es un punto de venta grandioso para ese tipo de ofertas.

Instagram - También propiedad de Facebook, Instagram es una de las redes sociales de crecimiento más rápido. Similar a Twitter, usted sigue a las personas y es seguido por otros. Las imágenes que usted publica se muestran en las líneas de tiempo de los seguidores. Instagram está orientada a las fotografías. Cada publicación en Instagram debe incluir una fotografía o un video y puede incluir una oración, un hashtag y menciones de otras personas.

Instagram es una herramienta extremadamente efectiva para marcas con productos que son visuales por naturaleza. A las personas les gusta ver productos que están siendo utilizados o se llevan puestos. Instagram también permite a los demás ver la aprobación de las terceras personas. Cuando las fotografías gustan o son comentadas, las personas se sienten bien porque otros están aprobando su producto o servicio. Le coloca un nombre y una voz a una marca.

Con tiempo y esfuerzo usted puede construir exitosamente una gran audiencia, lo que puede llegar a ser un poderoso canal de ventas para su página web. Una cosa a destacar es que Instagram no le permite insertar enlaces a su publicación. El único lugar donde se puede colocar un enlace es en su perfil. Asegúrese de tener un enlace allí. Otro punto de interés es que Instagram no acepta publicaciones desde otras redes sociales. Usted debe iniciar sus publicaciones en Instagram y luego compartirlas en otras redes sociales desde Instagram.

LinkedIn - LinkedIn es la red social más profesional. Es menos personal al compartir y principalmente es para discusiones comerciales y para conexiones a través de LinkedIn. Usted crea su currículum vítae y será capaz de conectarse o enlazarse con otras personas que conoce. Entonces, usted será capaz de comunicarse y contactar a personas que pudieran estar 1 o 2 conexiones alejadas de usted.

LinkedIn trabaja increíblemente bien con ventas B2B (business to business) (negocio a negocio, por sus siglas en inglés) como por ejemplo consultorías u ofertas de productos comerciales. Ellos ofrecen planes pagados donde usted se puede comunicar con personas de las cuales pudiera no tener información de contacto. Si bien no es un enrutador directo de tráfico hacia su página web, LinkedIn le puede ayudar a construir su red comercial y abrirle las puertas a las ventas más involucradas que usted está buscando hacer.

Google + - En un esfuerzo por competir con Facebook y con muchas de las otras redes sociales, Google lanzó Google + en el 2011. Debido al tamaño de la cuota de mercado de Google, fueron capaces de registrar indirectamente a las personas a Google + a través de uno de los muchos otros productos que ellos ofrecen. Ellos declaran que tienen más de la mitad de mil millones de usuarios activos y debido a su red de otras soluciones pudiera ser así.

Si bien Google + es algo a lo que tiene que prestarle atención, de alguna manera es un misterio. Es el gigante de las redes sociales que realmente nadie está utilizando. La idea era noble en el sentido de que usted es capaz de crear círculos. Los círculos están definidos como grupos de personas en su vida que comparten algo en común. Por ejemplo, personas del trabajo o familiares o su equipo de boliche. Usted es capaz de compartir a través de estos círculos y de mantener en privado los elementos solo para el círculo con el que los quiere compartir.

Mi búsqueda completa y no científica demuestra que Google + es bueno para una cosa. Esa sola cosa es mostrar a Google que usted lo está utilizando. Hacer publicaciones en Google +, crear una página comercial y enlazarla a su página web y seguir a otras personas ha demostrado incrementar su posicionamiento en los motores de búsqueda. Estos impactos positivos a sus resultados de búsqueda son razón suficiente para utilizar Google +.

Si bien algunos de ustedes pudieran utilizar Google + más efectivamente o ser capaces de construir un grupo de personas que compartan contenido con alto significado y se conecten con otros, yo estoy convencido de que necesita una transformación completa o caerá en la obsolescencia. Dicho esto, Google es Google y en consecuencia usted no quiere enfurecer al gorila. Cree un perfil, cree una página comercial y tenga un punto para compartir. Aunque solo sea compartir enlaces hacia las páginas en su página web y así tendrá unos bellos enlaces de retroceso (backlink).

Pinterest - Utilizada principalmente por mujeres, Pinterest es una manera increíble de direccionar tráfico hacia sus productos. Pinterest le permite crear una cuenta y crear pizarras. Las pizarras son colecciones de imágenes que usted puede organizar desde los sitios en la web. Digamos por ejemplo que alguien se va de vacaciones y quiere crear una pizarra llamada "Lugar de Vacaciones". Entonces ellos navegan por Internet y cuando encuentran una imagen de un lugar de vacaciones que les gusta ellos la marcan con un "pin". Utilizando un botón en su navegador o en la página web, la imagen es guardada en su pizarra.

La belleza de estas pizarras es que casi todas ellas son públicas y otros usuarios pueden encontrar sus pizarras y hacer publicaciones en esas pizarras. Cada publicación tiene una descripción y un enlace hacia la fuente original de la imagen. Este es un enlace de retroceso (backlink) (tiene poca sustancia) pero más importante aún es que direcciona al tráfico altamente etiquetado a su página web y a las páginas específicas de los productos.

Por ejemplo, si usted vende zapatos deportivos, usted puede crear una pizarra que se llame zapatos deportivos para baloncesto y luego hacer pin sobre todos sus estilos individuales en esta pizarra. Las personas que navegan o buscan en Pinterest encontrarán sus zapatos deportivos. Puede ser que incluso hagan clic sobre estas y luego compren en su página web o puede ser que simplemente hagan "repin" de su publicación en su pizarra. Entonces esto luego es compartido con sus seguidores y así sigue y sigue.

Tome un momento para colocar un "pin" a sus productos en Pinterest. Todos y cada uno desde su propia página individual deberían tener un "pin" a su pizarra. Se sorprenderá de la durabilidad de esta acción que se hace una sola vez. Las personas los marcarán como favoritos y harán "repin" y esto continuará direccionando tráfico hacia su página web.

Pinterest también ofrece "Pins" Promocionales. Similar a los avisos publicitarios de Facebook y de Google AdWords usted puede colocar una oferta o un precio que está dispuesto a pagar por su "pin" para que sea mostrado arriba de otros en las búsquedas de las personas. Usted solo tiene que pagar cuando las personas hacen clic sobre su aviso publicitario pero no cuando los avisos tienen un "repin" o son vistos. Esta es otra vía que se puede asumir para hacer publicidad de los productos que hay en su tienda. En algunos productos hemos visto costos tan bajos como 5 centavos por clic. Por 5 centavos, estamos felices de recibir a un visitante en la página web.

Tumblr - Una plataforma más tipo blog, Tumblr es un poco diferente a las otras redes sociales que hemos presentado anteriormente. Tumblr le permite crear una página y luego añadir publicaciones a su página. Usted también puede seguir a otros usuarios y ver sus publicaciones pero fue diseñada para compartir un tipo de contenido en formato más largo. Generalmente, las publicaciones en Tumblr son más largas y más como un blog de foros.

Si usted ya está publicando un blog en su página web, entonces esto pudiera parecer redundante de configurar y de tener, pero si la conecta a una de las otras plataformas sociales con las cuales va a compartir, es una manera fácil de construir otra página de contenido que será descubierta por los motores de búsqueda y más aún tendrá enlaces de retroceso (backlink) a su página web.

Hashtags - Usted ya ha escuchado de ellos con anterioridad pero puede ser que usted no esté exactamente seguro de qué es un hashtag. Realmente, un hashtag es una etiqueta que usted puede añadir a una publicación que usted coloca en las redes sociales. Los hashtag básicamente agrupan elementos para que los usuarios puedan buscar o ver elementos similares en las redes sociales. Un hashtag se crea al colocar el símbolo de almohadilla # y luego cualquier otra palabra o grupo de palabras luego del símbolo.

Por ejemplo, digamos que estamos vendiendo ropa para perros en línea y queremos publicar una fotografía de un suéter nuevo para perros que tenemos en nuestra tienda. Podríamos escribir algo como "Yo adoro este suéter nuevo que acabamos de recibir". Luego añadiríamos algunos hashtags al final de la oración como #suéterparaperro #ropaparaperro. No hay espacios en los hashtags.

Al añadir los hashtags al final de su oración usted ha etiquetado su publicación con estos términos. Esto ayuda a que su información se pueda buscar. Ahora que la información ha sido etiquetada cuando alguien hace una búsqueda por suéter para perro dentro de la red social donde usted hizo la publicación, esta se mostrará. Con frecuencia usted solo tiene que hacer clic sobre el hashtag y verá todos los resultados dentro de la red social con hashtags similares.

En un mar de millones de publicaciones por segundo, si usted no añade un hashtag, su información se torna muy difícil de encontrar. Por supuesto estas se mostrarán en las búsquedas de las personas que lo están siguiendo, pero usted está tratando de encontrar nuevas personas que pueden estar buscando hashtags al azar o viendo publicaciones similares a un hashtag que ellos pudieron haber utilizado.

En el escenario del suéter para perros puede ser que alguien haya recién publicado una fotografía de su perro vistiendo un suéter para perro en su camino hacia el parque para perros. Por coincidencia, ellos etiquetaron su publicación #suéterparaperro y lo compartieron. Luego de su publicación, ellos hacen clic sobre el hashtag #suéterparaperro para ver cuáles otras publicaciones aparecen y con toda seguridad su nueva publicación para su nuevo suéter para perro se mostrará. Ellos hacen clic sobre este, se enamoran y compran su suéter en su página web. Así es cómo usted puede ayudar a incrementar el compromiso, el tráfico y a los seguidores en sus redes sociales.

Sea creativo con sus hashtags para que con suerte pueda llegar a tantas personas como sea posible. Utilice el nombre de la ciudad desde la cual está haciendo la publicación o un sentimiento que esté experimentando. Los hashtags comenzaron en Twitter pero se han tornado tan populares, que se han implementado universalmente en, Instagram, Tumblr, Google +, Facebook, Pinterest y muchos otros más.

Conectándolos a Todos
Es abrumador. Yo solo presenté media docena de redes sociales y si usted invertir su tiempo atendiéndolas a todas, no estoy seguro de que pudiera hacer algo más. Las que yo mencioné solo son la punta del iceberg y hay muchas otras más que las personas están utilizando. La buena noticia es que usted no necesita conocerlas a todas. Para aquellas que usted decida utilizar, hay una manera de unirlas todas juntas. Esto le permite hacer una publicación es una red y la mayoría de las otras son actualizadas. Dependiendo de su oferta, usted querrá concentrarse en una plataforma en particular y realmente hacer que esta sea su plataforma principal.

Por motivos de simplicidad en este ejemplo, consideraremos una oferta de un producto de comercio electrónico estándar. Para este caso nos concentraremos en Instagram. Instagram le permite hacer una publicación de la imagen y del mensaje de su producto y luego compartir ese mismo mensaje con una cantidad de otras plataformas. Desde Instagram usted puede compartir con Facebook, Tumblr, Twitter, Flickr y Foursquare. Esto significa que cuando usted hace una publicación de su imagen y de su mensaje en Instagram, la misma imagen y los comentarios serán enviados a esas otras redes sociales, si usted así lo escoge. Esto trae como resultado múltiples actualizaciones a través de múltiples redes sociales para llegar a más personas, todo con una sola publicación.

El hashtag funcionará dentro de las diferentes plataformas y si bien Instagram no permite la inclusión de un enlace sobre el cual hacer clic, otras redes sí lo permiten. Cuando escriba su publicación incluya su url y comparta con las otras plataformas. Aparecerá como un enlace sobre el cual hacer clic y será contabilizado como un enlace de retroceso (backlink) cuando sea publicado en Facebook, en Tumblr y en Twitter.

Algo que tomar en cuenta cuando se comparte desde Instagram hacia Twitter es que la imagen se mostrará como un enlace y no será la imagen real. El compromiso es mucho menor y usted realmente quiere que toda la imagen sea incluida como originalmente es en Twitter. A continuación cómo puede usted hacer esto. En lugar de compartir directamente en Twitter desde Instagram trate de utilizar IFTTT . IFTTT le permite configurar procedimientos automatizados. Cuando usted registra una cuenta gratuita, buscará por la fórmula desde Instagram hacia Twitter. Usted se conectará a ambos servicios y activará la fórmula. Esto activa que cada publicación desde Instagram sea publicada adecuadamente en Twitter con la imagen completa. Es automático y una vez que lo configura, no puede olvidarlo.

Desafortunadamente Google + es una de las redes sociales que no juega limpio cuando se trata de compartir información. Usted todavía necesita hacer las publicaciones manualmente en Google +. Ellos deliberadamente no le han brindado a los usuarios una manera de conectarse con otros servicios para hacer publicaciones en Google +. Google en su búsqueda por más contenido original quiere prevenir contenido duplicado y lo obliga a suministrar una publicación única en Google +. Desafortunadamente, esto significa que para mantenerse actualizado allí, usted tendrá que hacer las publicaciones usted mismo en Google +.

Sin embargo, con esas combinaciones y muchas otras en IFTTT o en Hoot Suite u otras, usted será capaz de consolidar dramáticamente una gran cantidad de trabajo necesario para mantenerse actualizado todos los días, frecuentemente con una o dos publicaciones.

Alertas de Google

Google tiene una pequeña herramienta que es grandiosa de la que la mayoría de las personas no han escuchado. Se llama Google Alerts. Google Alerts - permite configurar una notificación. Bien sea diaria o semanalmente o en tiempo real usted puede recibir una notificación sin costo por las veces que su marca o su nombre sea mencionado en línea. Google Alerts le permite introducir cualquier término que usted quiera. Entonces luego explora en Internet y cualquier mención de su marca o de su nombre personal le será enviada por correo electrónico con el enlace de la publicación. Esta es una herramienta grandiosa que es completamente gratuita. Manténgase al tanto de lo que las personas están diciendo sobre usted y su marca.

Simplemente Busque en Google

Una de las cosas más importantes que usted va a necesitar aprender, si es que ya no lo ha hecho, es el poder de Internet. Claramente usted entiende cuán sorprendente es, pero no olvide que cualquier cosa que usted está buscando está en línea. Si bien comenzar su negocio de comercio electrónico puede parecer una tarea sobrecogedora, hay respuestas para sus búsquedas. Todo lo que usted hace o sobre lo cual tiene una pregunta, alguien ya lo ha hecho o ya han preguntado ellos mismos por eso. Usted necesita aprender a despejar sus problemas en Google. ¿No sabe cómo recortar una imagen? Búsquelo en Google. ¿No sabe cómo alinear algo a la derecha? Búsquelo en Google. Simplemente búsquelo en Google

Hay un sin número de foros y guías de cómo se hace, que se ofrecen gratuitamente con un nivel de detalle increíble sobre cómo resolver cualquier problema que usted tenga. No se desanime. Si usted no puede encontrar su respuesta, plantee de otra forma su búsqueda y trate una vez más. Google es una herramienta increíble que lo pone en un campo de juego igualitario con todos los demás. Si usted no puede encontrar lo que está buscando, descanse un poco. Regrese una hora después y busque otra vez. Allí está y usted puede resolver prácticamente cualquier problema con la ayuda de Google.

[4]

Convertir y Maximizar sus Ingresos

Listas de Correos Electrónicos

Ya hemos hablado sobre la importancia de la lista de correos electrónicos y de construir su lista tan pronto como pueda. De lo que no hemos conversado es sobre cómo obtener esos correos electrónicos. Una de las mejores maneras de recopilar correos electrónicos es pedir a las personas que realmente visitan su página web que se unan a su lista. Como con cualquier cosa en este mundo, las personas naturalmente quieren saber qué pueden obtener al unirse a su lista. Legítimamente, necesita convencerlos de por qué deberían unirse a su lista y qué exactamente usted les va a suministrar a ellos. Puede ser que su discurso de ventas especiales y notificaciones sea suficiente, pero nosotros hemos visto una y otra vez que algo de valor es la mejor manera de hacer que las personas opten por ser incluidos en su lista de correos electrónicos. Este puede ser una guía o un libro electrónico o un código de descuento o algo relacionado con su tópico para persuadirlos a que se unan.

Una vez que ha decidido qué exactamente les va a dar a cambio, usted necesita decidir cómo va a hacer que ellos se decidan a ser incluidos. Una de las maneras más efectivas de hacer que se registren es preguntárselo. ¿Sin embargo, cómo exactamente usted les pide que lo hagan si no está hablando con ellos? La respuesta es la pegajosa ventana emergente (popup). Yo sé que puede ser que a usted no le gusten las ventanas emergentes (popup). El problema es que ellas son efectivas. Son efectivas y es por ello que usted las ve en todas partes. Usted no necesita solicitar a las personas que pidan ser incluidas, pero si no lo pide, no lo obtendrá.

Hay una cantidad de rutas diferentes para implementar esa funcionalidad. Algunas personas incluyen sutilmente secciones para ser incluidos o ponen casillas de ingreso en sus páginas de inicio o en el pie de página de su página web. Desafortunadamente, estas son mucho menos efectivas que las fastidiosas. Hay una gran cantidad de compañías que se concentran en estas molestosas ventanas emergentes (popup). Estas le permiten administrar sus ventanas emergentes (popup) o deslizables desde un lado de la pantalla o desde la parte superior de la pantalla. Usted puede apremiar a las personas con una ventana emergente (popup) inmediatamente llega a su página web o usted puede retrasarlo para darle al usuario algo de tiempo. Hay un sin fin de opciones en esta área. Usted puede darle una mirada a Lead Pages o Drip u Optin Monster o de hecho puede utilizar el formato gratuito de "evil popup" (ventana emergente malvada) de Mailchimp que le permitirá hacerlo usted mismo.

Lo fundamental es comenzar en algún punto. Usted necesita comenzar a construir su lista y si no pide direcciones de correo electrónico, no podrá comenzar a construirla.

Gota a Gota

Bien, usted ya tiene una lista de direcciones de correo electrónico y es el momento de hacer algo con ellas. Los estudios muestran que la mayoría de las personas no compran algo en la primera interacción con su compañía. Esto puede tomar tanto como 3 o 4 puntos de contacto antes de que alguien se sienta lo suficientemente cómodo para realmente comprar algo. Ahora que usted ya tiene sus direcciones de correo electrónico es el momento de hacer eso.

Usted debería enviar correos electrónicos con una oferta o con un boletín informativo regularmente. Estos puntos de contacto constantes comenzarán a construir la confianza y guiarán a las personas hacia su compra en su página. Sin embargo, yo entiendo que esto requiere de tiempo y de compromiso, y puede ser que usted no esté enviando los correos electrónicos con tanta frecuencia como le gustaría hacerlo. Puede ser que usted solo esté enviando un boletín informativo o una corrida de correos electrónicos cada dos meses. Esto no va a generar la confianza y usted probablemente ya ha perdido el interés inicial que tuvo cuando ellos hicieron su nuevo registro.

La respuesta es algo llamado como campaña de goteo. La idea de una campaña de goteo es que usted escribe con anticipación un correo electrónico con una serie de múltiples partes. Luego, usted programa estos correos electrónicos para que sean enviados como fue planificado en los intervalos que usted determine. Por ejemplo, usted envía un correo electrónico inicial de bienvenida luego de su registro en su lista. Luego, usted puede enviar un segundo correo electrónico 3 o 4 días después, seguido por un par de otros correos electrónicos después de eso. Usted puede trabajar en esos correos electrónicos y refinarlos.

El contenido de esos correos electrónicos realmente depende de su oferta en particular. Para este ejemplo, digamos que usted tiene una página web que vende accesorios para automóviles. Puede ser que usted persuada a las personas a registrarse en su lista de correos electrónicos a cambio de la participación en 5 cursos rápidos sobre el mantenimiento de su automóvil. Usted puede estructurar 5 correos electrónicos y guardar la venta sugestiva para el correo electrónico final. De esta manera usted está adquiriendo la confianza de su cliente y dándole información. Con el correo electrónico final usted les permite conocer los accesorios especiales que hay en oferta en su tienda para ayudarlos con el mantenimiento de su automóvil.

Este goteo puede ser programado a través de su proveedor del servicio de correo electrónico como Constant Contact o AWeber o MailChimp o usted puede utilizar una compañía como Get Drip que le permite configurar su programación de correos electrónicos y controlar más detalles de la campaña de goteo. Todas estas opciones mostrarán un reporte avanzado de aperturas y clics para cada campaña.

Ofertas y Urgencias

Desafortunadamente, los consumidores de hoy día se han convertido en criaturas de hábitos. De malos hábitos también. El otro día estaba leyendo la revista Fortune y había un artículo sobre cómo las rebajas ahora son la norma esperada. Las personas se encuentran esperando solo por las rebajas porque han sido entrenadas para comprar durante las rebajas. Esto significa que si usted no tiene una oferta especial o un incentivo para hacer la compra, se está tornando más y más difícil hacer que alguien se sienta motivado a realmente sacar su tarjeta de crédito.

Dado que ahora las personas son criaturas de hábitos, es importante jugar con esa psicología. Luego de innumerables ventas y ofertas y promociones, yo puedo decirles que hay un par de elementos cruciales para una venta u oferta exitosa. Escasez y exclusividad están en el tope. Usted necesita hacer que su oferta sea limitada, bien sea limitada por tiempo o por disponibilidad, y usted necesita hacer que se sienta exclusiva. Vamos a darle una mirada a algunas líneas de etiquetas buenas y malas u ofertas que pueden ayudar a producir cambios notorios.

BUENA: Las primeras 10 personas en comprar con el código promocional XXXX obtendrán una oferta de $20 con cualquier compra superior a $100.

MALA: Utilice el código promocional XXXX y ahorre $20.

BUENA: Utilice el código de descuento VIP antes del domingo para ahorrar $20 con su compra. Por favor no distribuya este código ya que es para destinatarios seleccionados.

MALA: Utilice el código de descuento TODOSAHORRAN en cualquier momento en el mes de enero para ahorrar $20 con su compra.

Las personas también necesitan un recordatorio una y otra vez. Si usted tendrá una rebaja de fin de semana entonces dígales antes del fin de semana y no tema decirles cuándo se esté terminando. Recordarles que es su última oportunidad. Usted no tiene que utilizar un correo electrónico para todas estas notificaciones pero con suerte a través de sus medios sociales o por otros medios usted será capaz de llegarles un par de veces durante la rebaja. Usted querrá asegurarse de que todos en el campo hagan una compra. Las personas quieren sentirse especiales y no quieren quedarse por fuera. Juegue con esa debilidad.

Asociados y Afiliados

Para construir efectivamente su negocio usted necesita difundir su mensaje a tantas personas como le sea posible. Esto puede significar que usted necesita comenzar localmente y fuera de línea para difundir el mensaje. Se requiere de tiempo para difundir su mensaje sobre su negocio en línea, así que usted necesita asegurarse que todos en su zona también lo conozcan. A pesar de que nosotros no creemos que la publicidad fuera de línea sea dinero bien gastado, hay oportunidades fuera de línea para hacer dinero. Usted necesita hacer ventas de cualquier manera que pueda cuando está comenzando. El dinero le permite incrementar su inventario y añadir nuevos productos o servicios. Esto crea un despliegue publicitario y le permite expandir su alcance. Una vez que usted alcanza un punto en el que genera suficientes ventas en línea, puede parar esto. Usted comenzó un negocio en línea para vender en línea. Vender de cualquier manera que usted pueda lo ayudará a alcanzar esa meta más rápidamente.

Con la finalidad de vender fuera de línea sin una tienda al detal, usted va a tener que buscar asociados. Va a necesitar incentivar a las personas a trabajar con ellos. Nada hace eso como el dinero. Hay una infinidad de maneras para cooperar o soñar con maneras de asociarse con tiendas locales o con personas para ayudarlo a obtener su marca y su página web en tantas manos como sea posible. La primera cosa en que pensar es cómo puede usted hacer que las asociaciones sean mutuamente beneficiosas. Las mejores asociaciones son aquellas que tienen sentido para todas las partes.

Vamos a considerar algunos ejemplos y entonces usted podrá ver cómo se pueden trasladar para su negocio. Vamos a asumir que usted tiene una página web de suministros para mascotas. Usted vende todo tipo de ropa y de juguetes para mascotas. Su primer intento es pensar dónde puede encontrar a su audiencia seleccionada. Su audiencia es cualquier persona que sea dueño de una mascota. Bien, nosotros sabemos que las personas estarán en las tiendas de mascotas pero allí probablemente no sea una buena idea porque la tienda de mascotas probablemente está vendiendo muchas de las mismas cosas que usted está vendiendo. Lo siguiente que nos viene a la mente son los consultorios de los veterinarios. Es una apuesta segura que las personas en los consultorios de los veterinarios tienen una mascota y son clientes potenciales.

El paso siguiente es pensar cómo se puede asociar con el consultorio del veterinario para llegar a un acuerdo que sea beneficioso para ambos, para el consultorio del veterinario y para su página web. Yo solo puedo tratar de adivinar porque no soy un veterinario, pero imagino que los veterinarios tienen un par de intereses que pudieran motivarlos.

1. Obtener clientes adicionales y regar la voz sobre sus servicios.
2. Aumentar sus ganancias a través de un flujo de ingresos adicionales.

3. Recolectar dinero para la caridad local o para los refugios de animales.

Ahora que hemos aislado estas presunciones, podemos construir una sociedad que los beneficie en una de estas tres maneras, si no en todas. Primero, podríamos ofrecerles celebrar un evento especial en su consultorio en su día más concurrido. Usted llevaría sus productos y pondría una mesa en el área de la recepción para vender sus productos. Les puede ofrecer una participación en la ganancia generada. Adicionalmente, usted enviará un correo electrónico a toda su lista de contactos locales para invitarlos a conocer más sobre el consultorio del veterinario. Ellos pueden entregar su material publicitario en conjunto con el suyo. Los clientes están entretenidos mientras esperan ser atendidos por el veterinario y se trae algo de emoción al consultorio. Si ellos no están interesados en recibir una participación en las ganancias, pueden escoger hacer una donación al refugio de animales local. Usted posiblemente puede enlazar a un refugio de animales y decirles que usted les dará el 10% de las ganancias a su refugio. A cambio de la donación usted solo les pedirá que ellos envíen un correo electrónico a su lista de contactos avisando a las personas sobre el evento. El veterinario obtiene publicidad gratuita al actuar como anfitrión del evento y al ser incluido en el correo electrónico.

Este es un ejemplo perfecto de ganar-ganar-ganar, para estas tres partes por separado. El veterinario obtiene movimiento, nuevos visitantes, publicidad en su correo electrónico y en los correos electrónicos de la caridad y un ingreso adicional. La caridad obtiene un reconocimiento adicional por parte de los clientes del veterinario así como también una parte de las ganancias de sus ventas. Y por último pero no por ello menos importante usted hará ventas y difundirá su nombre entre los clientes del veterinario y entre los miembros de la caridad. Yo entiendo que esto no es una cosa fácil de orquestar, pero es un ejemplo de cómo usted se puede asociar con diferentes compañías y ser creativo en la construcción de sus asociaciones para que sean beneficiosas para todas las partes involucradas.

Una asociación convencional más simplificada en línea con frecuencia involucra un programa de afiliación. Alguien añade un enlace a su página web o un banner publicitario en su página web o en el despliegue de correos electrónicos, donde apuntan que son huéspedes de su negocio. Una url con seguimiento único (ejemplo: http://www.petclothes.com/?referral=dave) se usa esa dirección para que usted pueda hacer seguimiento al tráfico desde Dave. Si se realiza cualquier venta, usted compartirá la ganancia con Dave. Usted puede personalizar estos acuerdos en cualquier manera que quiera, pero esencialmente son modelos para compartir las ganancias. Si usted está buscando por publicistas afiliados o está considerando publicitar sus productos a través del modelo de afiliados, nosotros le recomendaríamos que le dé una mirada a Share a Sale. Hay otras compañías que son más grandes y más reconocidas como Commission Junction y Link Share pero sus costos son sustancialmente superiores.

Amazon probablemente es la compañía más conocida que utiliza un programa complejo de afiliados. Ellos tienen un gran mercado de pequeños publicistas que activamente hacen mercadeo de sus productos a cambio de una pequeña parte de sus ingresos. A continuación encontrará nuestro affiliate link de Amazon. Apreciaremos mucho si hace clic en él y compra algo.

Si está buscando la configuración básica para principiantes de un programa de afiliados, usted puede implementar un programa de afiliados al utilizar una de las muchas aplicaciones de carritos de compras que ya existen. Hay cientos de aplicaciones adicionales de WordPress que administrarán esto por usted y Shopify y las otras soluciones de carrito de compras también ofrecen un sin número de programas de afiliados en aplicaciones adicionales. Desafortunadamente, yo no me siento cómodo refiriéndolo a uno en específico, ya que no tengo experiencia de primera mano utilizándolos. Yo siempre he utilizado una solución personalizada construida especialmente o una variación de un programa de afiliados.

La variación que nosotros hemos utilizado con mayor éxito es un exclusivo código de cupón. Usted utiliza el código del cupón para hacer seguimiento a la referencia del afiliado. La gran mayoría, sino todas las soluciones de carrito de compras, vienen con la posibilidad de ofrecer códigos de cupones. Los códigos de cupones son diseñados para darles a los clientes un descuento en su compra en la tienda. Nosotros utilizamos esta funcionalidad del cupón para ayudarnos a hacer seguimiento a las referencias.

La mejor manera de hacer que alguien realmente utilice un código de seguimiento es dándole un beneficio por su utilización. Por ejemplo, si usted se asoció con un bloguero quien va a escribir una pieza sobre su nuevo negocio en línea. Usted puede motivar al bloguero y decirle que en intercambio por el artículo en su página web, usted está dispuesto a darle un código de cupón único. A sus lectores que utilicen el código del cupón, se le dará un descuento de x% cuando utilicen el cupón y como un incentivo adicional usted le pagará al bloguero y% de cualquier venta que se realice con ese código de cupón. Esta es una manera simple de hacer seguimiento a las referencias y también ofrece un beneficio adicional para el bloguero que será capaz de ofrecer a sus lectores.

Hay un sin fin de maneras de hacer asociaciones creativas bien sea con establecimientos físicos o los que operen a través de internet a través del seguimiento a los códigos de cupones. Usted necesita ser creativo y crear una lista de todos los lugares y las organizaciones potenciales que tienen grupos de personas que serían clientes potenciales. Una vez que tenga la lista, escriba las cosas que más probablemente beneficiarían a esas personas. Ahora que ya tiene la lista de las compañías identificadas, las organizaciones o las personas y sus puntos específicos de interés, entonces usted puede confeccionar a la medida una oferta que tenga sentido para ambos. Sea creativo, trate de pensar de manera no convencional y salga a buscarlo. ¿Qué es lo peor que le pueden decir? ¿"No, muchas gracias"?

Exhibiciones Comerciales

Hablamos de asociarse con negocios locales como una manera de obtener más exposición para su página web y darle un impulso al tráfico y un reconocimiento a la marca, pero hay muchas otras maneras de hacerlo. Usted puede estar indeciso sobre hacer un esfuerzo para vender fuera de línea. Yo lo entiendo. Usted no abrió una tienda al detal y entonces por qué debería hacer esto. Es mucho trabajo y no precisamente el tipo de negocio que usted quería comenzar. Lo escucho, pero. Internet es un lugar muy grande y usted tiene que comenzar en algún punto. El mejor lugar para comenzar a regar la voz es localmente y eso significa a través de las listas de correos electrónicos, las asociaciones, los panfletos y los bazares/ferias de comercio.

Dependiendo de su producto o servicio, usted será capaz de encontrar ferias de comercio o bazares locales donde usted puede rentar un puesto para exhibir y vender sus productos o servicios. Estas pueden ser muy exitosas o una terrible pérdida de dinero. Usted necesita hacer algún tipo de investigación con anticipación para asegurarse de que no está desperdiciando su tiempo ni su dinero. Estos eventos comerciales y bazares tienen diferentes configuraciones y acuerdos. Algunas requieren que usted alquile el espacio así como también mesas, equipos, energía y cualquier suministro imaginable por parte de ellos. Otros quieren un porcentaje de sus ventas en el evento. Cada uno de ellos está estructurado un poco diferente por lo que necesita asegurarse de que va a funcionar para usted.

Investigue quién va a estar allí y cuántas personas se espera que asistan. Investigue si realizaron el evento el año pasado y pregunte para ver si conoce a alguien que haya participado el año anterior. Escuchar de primera mano de ellos si valió la pena o no, no tiene precio. Usted puede ahorrar tiempo y dinero al preguntar directamente. Sin importar cuando asista a estos eventos, es importante recordar que su meta es doble. Usted está buscando generar ventas y hacer dinero para expandir su inventario y sus fondos para publicidad. Más importante aún, está tratando de direccionar tráfico a su página web en línea. La finalidad de asistir a estos eventos es dar a conocer su nombre.

Usted debió haber impreso volantes para entregar a las personas que tengan su página web en ellos y las otras cuentas en las redes sociales. Imprima sus cajas y el embalaje. Si usted coloca las cosas en una bolsa, asegúrese de que su página web esté impresa en la bolsa. Recolecte correos electrónicos y añada a las personas a su lista. Su meta más importante es asegurarse de que entiendan que usted es una tienda en línea y hacer que ellos lo busquen en línea. Usted tiene que comenzar a correr la voz y a poner su marca y la dirección de su página web en sus manos. Esto ayuda a direccionar el tráfico que usted está buscando.

Servicio de Atención al Cliente

Una de las partes más importantes de hacer crecer su negocio en línea es asegurarse de que todos sus clientes lo adoren y que también adoren la experiencia de comprar en su tienda. Su primer año de ventas es extremadamente importante para establecer el tono de la experiencia que usted quiere que sus clientes tengan. Si ellos tienen un problema, usted necesita resolverlo. Esto pudiera significar que usted lo resuelva con una pérdida para la compañía. El mundo en línea es enorme pero un cliente molesto puede crearle muchos problemas a usted. ¿Vale la pena rechazar una devolución y tener a alguien publicando comentarios terribles en las pizarras de mensajes? Usted necesita proteger su reputación con mucho cuidado.

Debe estar orgulloso de lo que está enviando y del embalaje en el que lo está enviando. Todos estos pequeños detalles establecen el tono de lo que las personas pueden esperar Haga una presentación profesional y maneje a las personas de manera profesional. Vaya un paso más allá y envíe un correo electrónico de agradecimiento para alguien que tenga un código de cupón por sus últimos clientes. Si alguien tuvo una mala experiencia, incluso si no es su culpa, repárelo. Dele un código de descuento en su próxima compra o exonere sus costos de envío. Estos pequeños gestos causan una buena sensación y ayudan a correr la voz sobre su negocio. En un estudio reciente American Express encontró que en promedio, los clientes satisfechos le comentan a un promedio de 9 personas sobre su experiencia. Ventas reiteradas y correr la voz son el camino más rápido para ayudar a crecer a su negocio.

Lo Logró

Lo hizo. Usted ha dado el primer paso para el lanzamiento exitoso de su negocio de comercio electrónico. Hay mucha información en este libro y no fue diseñado para ser leído una vez y ponerlo de lado. Es imposible que recuerde todos los detalles que le hemos presentado en este libro. Este libro fue diseñado para ser utilizado como una referencia. Usted puede volver a buscar una referencia en cualquiera de las secciones para familiarizarse aún más con los detalles de un capítulo en particular. La buena noticia es que usted ya lo leyó por completo por lo menos una vez. Está familiarizado con la meta general y cómo llegar a ella.

Ahora queda de su parte. Puede ser que usted haya leído una cantidad de libros y haya asistido a una cantidad de reuniones o discusiones con otras personas sobre cómo comenzar su negocio. Ahora es el momento de actuar. Deje de demorar el asunto y de fijar fechas arbitrarias. Nunca habrá un momento o fecha oportunos y siempre habrá otro hito por el que usted puede esperar. Si usted ha leído el libro y está preparado para el trabajo que involucra, entonces simplemente hágalo. Si se atora en alguna parte, siempre puede buscarlo en Google.

Posdata Muchas Gracias

Lo Logró. Qué bien por usted. Ahora es el momento de poner esto en acción. No se preocupe, no lo vamos a dejar solo. Nosotros hacemos publicaciones en el blog semanalmente con ideas y más pruebas que hemos realizado y nos puede seguir en
http://www.longlivetheinternet.com

Finalmente, si usted no ha descargado nuestro regalo gratuito con la guía de fuentes, puede hacerlo ahora en
http://www.longlivetheinternet.com/book-gift

CPSIA information can be obtained
at www.ICGtesting.com
Printed in the USA
LVOW01s2238280816
502234LV00020B/510/P